Repenser le jugement des délits

BIBLIOTHÈQUE*S* DE DROIT

COLLECTION FONDÉE ET DIRIGÉE PAR JEAN-PAUL CÉRÉ

Cette collection a pour vocation d'assurer la diffusion d'ouvrages scientifiques sur des thèmes d'actualité ou sur des sujets peu explorés dans le domaine des sciences juridiques. Elle se destine notamment à la publication de travaux de jeunes chercheurs.

Dernières parutions

G . DELI, *Juste vivre. Vers une théorie juridique éthique*, 2023.

E. GINDRE (dir.), *La dignité des personnes détenues dans les prisons des Outre-Mer,* 2023.

M. Dos Santos, *La gravité en droit international pénal. Une notion insaisissable et instrumentalisée*, 2023.

C. MÉNABÉ et J. LEONHARD (dir.), *Réinsérer les femmes et les mineurs face au soupçon de danger terroriste.*

P. KEUBOU, *La procédure pénale au Cameroun.*

C. MENABE et J. LEONHARD (dir.), *Femmes, mineurs et terrorisme.*

J. FALXA (dir.), *Coopération judiciaire internationale en matière pénale. France, Brésil, Suriname*

N. JOUENNE-PEYRAT, *L'encadrement pénal de la prostitution des mineurs.*

J-P. CERE, *Droit disciplinaire pénitentiaire, 2e édition*, 2020.

A. CHARRUAU, *L'avenir du juge unique.*

M. MANET, *Le devenir juridique de la dignité. Une étude de la Charte africaine des droits de l'homme et des peuples.*

M. GALIMMARD, *L'incrimination de la zoophilie.*

M. PELTIER-HENRY, *Le droit pénal à l'épreuve des neurosciences.*

T. TOUZEAU, *Recel et blanchiment. Nouvelles sources de cumul de qualifications.*

H. CAPPADORO, *Les sens de la peine.*

M. BONNARD, *Le statut juridique de l'assistance médicale à la procréation.*

C. LE ROUX, *L'infraction politique.*

E. MANGIN, *L'univers carcéral, la mère détenue et son enfant.*

Delphine Brach-Thiel

Repenser le jugement des délits

L'Harmattan

5-7, rue de l'École-Polytechnique, 75005 Paris

http://www.editions-harmattan.fr

ISBN : 978-2-336-46942-3
EAN : 9782336469423

Avant-propos
De la classification tri-partite des infractions à la césure du procès pénal

Delphine BRACH-THIEL
Maître de conférences à l'Université de Lorraine, HDR,
Magistrat à titre temporaire

Le colloque « repenser le jugement des délits » s'est tenu à Nancy le 24 novembre 2023. Au cours de la même semaine a été promulguée une loi[1] -portant à onze milliards d'euros le budget de la justice d'ici 2027 - prévoyant le recrutement de 10000 nouveaux agents dont 1500 magistrats et 1800 greffiers et un décret instituant dès le 1er janvier 2024 des pôles spécialisés en matière de violences intrafamiliales[2].

La justice du 21ème siècle - dans un contexte d'indigence - passe par la nécessité de s'adapter, sans trahir l'esprit et les avancées fondamentales du siècle des Lumières. Le choix

[1] Loi n°2023-1059 du 20 novembre 2023 d'orientation et de programmation du ministère de la justice 2023-2027. Publiée au JO le 21 novembre 2023.

[2] Le décret n°2023-1077 du 23 novembre 2023 institue au sein des tribunaux judiciaires et des cours d'appel des pôles spécialisés en matière de violences intrafamiliales. Entré en vigueur le 1er janvier 2024.

actuel semble être la spécialisation ou l'ultra spécialisation - surtout en matière délictuelle - à l'image de ce dernier choix législatif entérinant la création de pôles concernant les violences intrafamiliales. Pourtant, la situation de grande pénurie au sein des juridictions - et le stock de dossiers non audiencés - ne permet plus de juger les délits dans des conditions satisfaisantes[3] et il est loin d'être évident que la spécialisation soit la réponse adéquate à tous les maux de la justice.

Alors, n'est-il pas temps de repenser le jugement des délits en tenant compte d'autres critères que ceux énoncés par le législateur ? De renoncer à la classification tripartite des infractions – archaïque ? - pour engager une réflexion ayant pour point d'entrée la réalité procédurale en termes de difficultés et en termes d'enjeux ?

De fait - et symboliquement ? - le premier texte du code pénal opère une classification tripartite des infractions[4]. De celle-ci découle la grande majorité des règles procédurales. Les infractions pénales sont classées en trois catégories : les crimes, les délits et les contraventions. Le principe est que tous les délits soient jugés devant le tribunal correctionnel. Pour autant, cette catégorie - intermédiaire entre la

---

[3] « Tribune des 3000 », Le Monde 23 novembre 2021 : collectif de juges, substituts et greffiers dénonçant l'approche « gestionnaire » de la justice et soulignant la « discordance » entre la volonté de rendre une justice de qualité et la réalité du quotidien.
Déjà également : rapport du Comité des Etats généraux de la justice (oct. 2021- avril 2022), JM Sauvé, 8 juillet 2022.

[4] Art. 111 - 1 du code pénal : « les infractions pénales sont classées, suivant leur gravité, en crimes, délits et contraventions ».

contravention et le crime - présente une variété extrêmement hétéroclite s'agissant de la peine encourue allant de 3750 euros d'amende à 10 ans d'emprisonnement[5] - voire 20 ans en cas de récidive -, mais également de l'élément matériel et de l'élément moral.

De plus, en matière délictuelle, le principe est l'audience collégiale avec une formation de jugement composée de trois magistrats[6], sachant qu'au fil du temps le législateur est venu y adjoindre - à des fins d'efficacité et par souci d'économie - des exceptions (juge unique[7] et CRPC[8] notamment). Au prix de la remise en cause de la classification tripartite des infractions ? Pas vraiment : la formation de jugement – collégiale ou juge unique - est compétente pour les délits et les éventuelles contraventions connexes. De plus, l'un des objectifs du législateur - ayant généralisé les cours criminelles départementales au 1er janvier 2023[9] - est de lutter contre la pratique de la correctionnalisation judiciaire afin de retenir la réelle qualification des faits concernant une qualification

---

[5] Art. 131-3 et 131-4 du code pénal.

[6] Art. 398 du code de procédure pénale.

[7] Art. 398 al 3 du code de procédure pénale qui vise les délits de l'article 398-1 dudit code.

[8] Art. 495-7 et suivants du code de procédure pénale.

[9] Loi n° 2021-1729 du 21 décembre 2021 pour la confiance dans l'institution judiciaire. La cour criminelle départementale (CCD) est une juridiction criminelle chargée depuis le 1er janvier 2023 de juger les individus majeurs accusés de crimes punis de 15 ou 20 de réclusion criminelle (hors récidive). Son fonctionnement est quasi-identique à celui des cours d'assises, à la différence – importante – que les cours criminelles départementales ne comportent pas de jury. Elles sont composées de cinq magistrats (un président et quatre assesseurs ; C. pr. pén., art. 380 -17).

juridique majeure : le crime de viol[10]. Ainsi, la classification tripartite des infractions a encore de beaux jours devant elle.

Alors - aujourd'hui - a-t-on réellement besoin de trois magistrats pour juger un individu qui reconnaît intégralement les faits, tout en étant ancré dans un parcours délinquanciel ? D'ailleurs, la grande précarité pousse à la commission d'infractions multiples de basse intensité, innervées par des problématiques addictives, voire psychiatriques.

Si le procès doit poursuivre une double légitimité - substantielle et procédurale - l'exigence de justice appelle en matière délictuelle une réponse pénale rapide. Or, elle prend de nos jours la forme de la procédure de comparution immédiate[11], existante depuis 1983[12] et qui correspondait

---

[10] En la matière, on a pu relever nombre de correctionnalisations en agression sexuelle, ici encore à des fins d'efficacité et par soucis d'économie.

[11] Art. 395 et s. du code de procédure pénale : « Si le maximum de l'emprisonnement prévu par la loi est au moins égal à deux ans, le procureur de la République, lorsqu'il lui apparaît que les charges réunies sont suffisantes et que l'affaire est en l'état d'être jugée, peut, s'il estime que les éléments de l'espèce justifient une comparution immédiate, traduire le prévenu sur-le-champ devant le tribunal.
En cas de délit flagrant, si le maximum de l'emprisonnement prévu par la loi est au moins égal à six mois, le procureur de la République, s'il estime que les éléments de l'espèce justifient une comparution immédiate, peut traduire le prévenu sur-le-champ devant le tribunal.
Le prévenu est retenu jusqu'à sa comparution qui doit avoir lieu le jour même ; il est conduit sous escorte devant le tribunal ».

[12] Loi n° 83-466 du 10 juin 1983.

alors à une volonté politique de répondre au sentiment d'insécurité.

Hier sentiment d'insécurité, aujourd'hui droit à un procès pénal. La justice du quotidien révèle les maux du quotidien. Concernant la procédure de comparution immédiate, certains évoquent une usine à condamner. En toute hypothèse, le choix revient au parquet, et correspond à des impératifs de résultats qui souvent servent à contrebalancer l'insuffisance des moyens au niveau judiciaire. La procédure est dévoyée et les audiences de comparution immédiate entrent encore trop souvent dans la légende. Sont ainsi connues du petit monde judiciaire les audiences *Paris-Tokyo* d'une durée de 13 heures. Record battu au cours de l'été 2023 par les audiences *Singapour- New-York* d'une durée de 18 heures au tribunal de Bobigny !

Si, à notre connaissance, la Cour européenne des droits de l'homme n'a pas eu l'occasion de se prononcer sur la conventionalité des procédures de comparution immédiate se tenant jusqu'au bout de la nuit, pour la chambre criminelle, les audiences interminables ne contreviennent pas aux délais de l'article 395 du code de procédure pénale[13]. A *minima,* point d'orgue de tous les maux, la procédure de comparution immédiate ne mérite-telle pas d'être réformée ?

---

[13] Cass. Crim. 12 janvier 2021, n° 20-80259, *AJPénal* 2021. 92, obs. Lebreton.

Que penser ainsi d'une audience à juge unique quand l'auteur reconnait les faits, avec évidemment tous les droits octroyés à la défense ? Que penser également de la césure du procès pénal en matière délictuelle ? Trois magistrats se pencheraient sur la question de la culpabilité et en cas de condamnation renvoient au juge de l'application des peines (JAP) – juge unique ultra spécialisé – le soin de prononcer la peine, pourquoi pas après une période d'évaluation, à défaut d'être probatoire[14] ? Souci d'une réelle efficacité pour les situations marquées par la simplicité, non corrélées par la gravité de l'infraction au regard de la peine encourue. Soulignons que cette césure permettrait également de grandes avancées en droit pénal des affaires, voire concernant les violences intrafamiliales où le premier objectif est d'abord l'éloignement du conjoint violent et la protection de la victime (et de la famille au sens large).

Ces pistes de réflexion amènent à redéfinir le procès en matière pénale ou plus précisément l'office du magistrat du siège lorsqu'il est en formation collégiale ou encore sa spécialisation quand il est seul. En matière de peine pour le juge de l'application des peines ou concernant la

[14] La loi d'orientation et de programmation du ministère de la Justice 2023-2027, promulguée le 20 novembre 2023, a pour objectif en matière pénale la simplification et la modernisation de la procédure. Elle augmente notamment – à compter du 30 septembre 2024 pour le JAP les possibilités de conversion de peine prononcée par une juridiction de jugement. Nouvel outil de gestion des flux carcéraux ? Certainement. Néanmoins, il s'agit bien d'un juge unique qui se voit augmenter les possibilités de modifier des peines prononcées par une collégialité. Pourquoi ne pas aller plus loin

combinaison détention/ liberté par le juge des libertés et de la détention.

La mue de la justice pénale en matière délictuelle passe par un retour aux fondamentaux : l'objet du procès pénal est d'abord de déterminer si le prévenu est coupable ou non, et ensuite de déterminer la peine adaptée. Césure. Vous avez dit césure du procès pénal ?

Avril 2024

Partie 1
La procédure de comparution immédiate

Comparution immédiate et justice qualitative

Cyrielle KREBS
Doctorante en droit
Chargée de mission VIF près le Tribunal judiciaire de Thionville

Au sein du paysage juridique actuel, il existe plusieurs procédures accélérées de jugement en matière pénale. Elles permettent de juger le prévenu sans nécessairement que celui-ci ne soit convoqué à une audience (c'est le cas par exemple pour l'ordonnance pénale[1], la composition pénale[2] ou la comparution sur reconnaissance préalable de culpabilité[3]) ou qu'il soit convoqué à une audience à très brefs délais (c'est le cas de la comparution immédiate[4]). Ces procédures ont deux objectifs[5]. Premièrement, apporter une réponse pénale plus systématique, l'encombrement des tribunaux pouvant amener le ministère public à préférer ne pas poursuivre certaines infractions de moindre gravité. Deuxièmement, rendre une décision dans un délai

---

[1] Code de procédure pénale, articles 495 et suivants.
[2] Code de procédure pénale, articles 41-2 et suivants.
[3] Code de procédure pénale, articles 495-7 et suivants.
[4] Code de procédure pénale, articles 395 et suivants.
[5] ZOCCHETTO François au nom de la Commission des lois et de la mission d'information de la commission des lois, Rapport d'information n°17 (2005-2006), déposé le 12 octobre 2005.

raisonnable, garantie prévue notamment par l'article 6-1 de la CEDH[6].

Historiquement, la première procédure accélérée fut la procédure de comparution immédiate. Créée par une loi du 10 juin 1983[7] et initialement réservée aux personnes mises en cause pour une infraction passible d'au moins deux ans d'emprisonnement (sauf exceptions[8]), son champ d'application s'est progressivement élargi au rythme des réformes et modifications. Ainsi, au départ, l'article 395 du code de procédure pénale prévoyait le recours à cette procédure pour les délits punis d'au moins deux ans d'emprisonnement sans excéder 5 ans, et en cas de flagrant délit, pour les délits punis d'au moins un an d'emprisonnement, là encore sans excéder 5 ans. En 1995[9], la procédure de comparution immédiate concernait les délits punis d'au moins 2 ans ou 1 an d'emprisonnement en flagrance, sans que la peine d'emprisonnement ne puisse, alors excéder 7 ans. Enfin depuis la version en vigueur depuis 2002[10], la procédure de comparution immédiate est applicable aux personnes ayant commis un délit puni d'au moins deux ans sans mention cette fois d'une durée à ne pas

---

[6] Convention Européenne des Droits de l'Homme, article 6-1.

[7] Loi n°83-466 du 10 juin 1983 portant abrogation ou révision de certaines dispositions de la loi n°81-82 du 2 février 1981 et complétant certaines dispositions du code pénal et du code de procédure pénale.

[8] La procédure de comparution immédiate n'est pas applicable aux mineurs, aux délits politiques, délits de presse et délits prévus par une loi spéciale.

[9] Loi n° 95-125 du 8 février 1995 relative à l'organisation des juridictions et à la procédure civile, pénale et administrative.

[10] Loi n°2002-1138 du 9 septembre 2002 d'orientation et de programmation de la justice.

excéder. En cas de flagrant délit, le nouveau texte prévoit que le délit doit être puni d'au moins 6 mois d'emprisonnement[11]. Outre ces critères liés à la peine, pour recourir à la procédure de comparution immédiate, les charges doivent être suffisantes et l'affaire en état d'être jugée[12].

La comparution immédiate permet de juger rapidement des faits simples, présentant une certaine gravité et ayant troublé l'ordre public. Lors de la préparation de la loi en 1983, il était question d'utiliser l'expression « procédure d'urgence », mais la Commission saisie par le Sénat – ayant établi un rapport sur cette loi – a proposé l'expression « comparution immédiate » considérant que l'expression « procédure d'urgence » « est de nature à jeter, sur cette nouvelle procédure, l'opprobre qui marquait l'ancienne procédure de flagrant délit, en raison notamment de sa connotation de justice expéditive »[13].

Malgré le choix de l'expression « comparution immédiate » par le législateur, suite aux recommandations de la Commission, cette procédure subit de nombreuses

---

[11] La loi n°2023-1059 du 20 novembre 2023 d'orientation et de programmation du ministère de la justice 2023-2027 n'a pas modifié ces délais, mais a modifié les délais de renvoi.

[12] Code de procédure pénale, article 395.

[13] RUDLOFF Marcel au nom de la Commission des Lois Constitutionnelles, de Législation, du Suffrage Universel, du Règlement et d'Administration Générale sur le projet de loi adopté par l'Assemblée nationale portant abrogation et révision de certaines dispositions de la loi n°81-82 du 2 février 1981, Rapport n°197, tome 1 (1982-1983), déposé le 2 avril 1983.

critiques[14] notamment concernant sa rapidité. Jean Pradel l'affuble ainsi de l'expression « TGV de la procédure pénale »[15].

Des questions peuvent se poser quant à la qualité de la justice rendue sur un trait court trait de temps. Ainsi, l'article 395[16] du code de procédure pénale prévoit que le prévenu est retenu « jusqu'à sa comparution qui doit avoir lieu le jour même ». L'article 396 du même code[17] dispose que si la réunion du tribunal n'est pas possible le jour même, le procureur de la République peut traduire le prévenu devant le juge des libertés et de la détention qui décidera d'une remise en liberté, d'un placement en détention provisoire ou sous contrôle judiciaire. Dans le cas où une mesure de détention provisoire est prononcée, le délai pour faire comparaître le prévenu devant une juridiction de jugement est de 3 jours ouvrables, étant précisé que s'il n'est pas jugé le troisième jour ouvrable, il est mis d'office en liberté.

Ainsi, le délai laissé à la préparation de l'audience est très restreint – pour le prévenu comme pour les magistrats – en comparaison à d'autres procédures plus longues, où le prévenu est convoqué à une audience prévue plusieurs mois après la garde à vue. La justice rendue au terme d'une audience de comparution immédiate est-elle alors de même

---

[14] Il en va ainsi de ZOCCHETTO François au nom de la Commission des lois et de la mission d'information de la commission des lois, Rapport d'information n°17 (2005-2006), déposé le 12 octobre 2005.

[15] Jean Pradel, Procédure pénale, Paris, Cujas, 2015, 18ème édition.

[16] Code de procédure pénale, article 395.

[17] Code de procédure pénale, article 396.

qualité que la justice rendue lors de ces procédures plus longues ? Cette question est d'autant plus pertinente que la comparution immédiate apparait être une procédure largement ancrée dans la pratique : des milliers d'infractions y sont jugées chaque année[18].

Ainsi, si la rapidité de cette procédure créée des difficultés à la fois pour le prévenu et sa défense (1), elle en génère également pour les autres acteurs du tribunal, plus précisément les magistrats du siège et du parquet (2). Ces difficultés interrogent sur la qualité de la justice rendue au travers de cette procédure dite de « comparution immédiate ».

1. Un délai suffisant pour préparer sa défense ?

La défense d'un prévenu est composée de plusieurs éléments. Or, lors de sa préparation, l'avocat et le prévenu peuvent rencontrer des difficultés liées au délai restreint de la comparution immédiate (1.1). Le législateur prévoir au demeurant pour le prévenu la possibilité de demander un délai supplémentaire pour préparer sa défense ce qui engendre une problématique spécifique (1.2).

[18] Par exemple, en 2023, au Tribunal judiciaire de Thionville, 17,1% des affaires en matière pénale ont été jugées en comparution immédiate (statistiques du tribunal).

1.1 Le délai initial

La préparation d'une défense. L'avocat est obligatoire dans la procédure de comparution immédiate[19] : le prévenu sera donc systématiquement accompagné d'un avocat pour préparer sa défense. Puisque la décision d'orienter le prévenu en comparution immédiate est prise lors du déferrement[20] devant le Procureur de la République, le prévenu désigne alors un avocat ou un avocat commis d'office sera requis. Celui-ci n'aura que quelques heures pour préparer la défense du prévenu. En revanche, si le prévenu avait déjà un avocat en garde à vue[21], celui-ci aura déjà pu prendre connaissance d'une partie du dossier[22] ou commencer à rassembler des justificatifs nécessaires au prévenu.

L'exercice des droits de la défense se porte sur deux points : le débat sur la culpabilité du prévenu, puis dans le cas où le prévenu est reconnu coupable, le débat sur sa peine. Concernant la culpabilité, si le prévenu reconnait les faits, l'avocat peut immédiatement choisir de n'évoquer que la peine. Mais si ce n'est pas le cas, un argumentaire doit être

---

[19] Code de procédure pénale, articles 395 et suivants.

[20] Code de procédure pénale, article 393. Le prévenu à l'issue de sa garde à vue est présenté au Procureur de la République qui entend le prévenu et son avocat le cas échéant. Le Procureur décide alors de l'ouverture d'une information judiciaire, de la poursuite de l'enquête, de la convocation du prévenu à une audience ou de tout autre décision sur l'action publique.

[21] Code de procédure pénale, article 63-1 : l'assistance par un avocat en garde à vue est une possibilité et non une obligation.

[22] Code de procédure pénale, article 393.L'avocat n'a pas accès à l'intégralité du dossier et ne peut que prendre des notes des pièces.

préparé et développé pour tenter de prouver les zones d'ombre de la procédure. La défense doit également amener des éléments pouvant appuyer cet argumentaire (témoignages, communications électroniques, ...).

Concernant la peine, le prévenu peut constituer un dossier comprenant des garanties de représentation ou la mise en œuvre d'un changement dont il pourrait justifier à l'audience[23] s'il est reconnu coupable. Ces éléments doivent témoigner d'une insertion dans la société ou d'une volonté de s'y réinsérer. Les garanties de représentation peuvent également, dans certains cas, éviter au prévenu une incarcération motif pris d'un aménagement de la peine à envisager, si le prévenu est localisable et joignable lorsqu'il dispose d'un domicile notamment[24].

Le délai pour préparer sa défense. Toutes ces démarches prennent du temps. Le simple fait pour le prévenu de justifier de sa situation actuelle peut être compliqué. Rares sont les personnes possédant sur eux - en tout temps - leur contrat de travail, leur justificatif de domicile, etc. Si les prévenus n'ont pas de proches pouvant les apporter, ils ne pourront faire que des déclarations sur leur situation, sans justificatifs.

On imagine alors les difficultés rencontrées pour préparer

---

[23] Par exemple, la mise en place d'un suivi médical et/ou psychologique.

[24] À titre d'exemple, une détention à domicile sous surveillance électronique (DDSE) ne peut être envisagée pour une personne sans domicile fixe, au terme des articles 713-42 et suivants et 723-7 du code de procédure pénale.

la défense. L'avocat du prévenu aura un temps très limité pour réunir des éléments pouvant prouver l'innocence de son client. Si celui-ci est détenu, il ne pourra pas nécessairement lui fournir les éléments en sa possession. Un prévenu souffrant d'addictions ne peut pas commencer à se soigner en l'espace de quelques heures tout en étant détenu dans les geôles du tribunal où il va être jugé. De la même manière, il ne peut alors pas trouver un emploi pour démontrer sa volonté de s'insérer à nouveau dans la société. Le problème est similaire pour le prévenu en détention provisoire qui sera jugé à l'écoulement du délai de 3 jours.

1.2 Le délai supplémentaire de l'article 397 du code de procédure pénale

La possibilité d'un délai supplémentaire. Lors de l'audience, le prévenu peut refuser d'être jugé le jour même et demander à bénéficier du délai prévu à l'article 397 du code de procédure pénale[25]. Lorsque la peine encourue est supérieure à sept ans d'emprisonnement, ce délai ne peut être inférieur à 2 mois et supérieur à 4 mois. À défaut, ce délai ne peut être inférieur à deux semaines ou supérieur à six semaines[26]. La loi du 20 novembre 2023[27] a modifié ce délai. Celui-ci ne peut pourra être inférieur à 4 semaines ou supérieur à 10 semaines à compter du 30 septembre 2024. Le prévenu a donc, a minima, deux semaines pour

---

[25] Code de procédure pénale, article 397.
[26] Code de procédure pénale, article 397-1.
[27] Loi n°2023-1059 du 20 novembre 2023 d'orientation et de programmation du ministère de la justice 2023-2027.

constituer sa défense ce qui peut représenter un avantage au vu des difficultés énoncées précédemment.

Cependant, au terme d'un constat tiré de plusieurs années de pratique[28], cette possibilité n'est pas grandement sollicitée. Le cas échéant, ce sont souvent par les mêmes avocats, certains d'entre eux demandant systématiquement un renvoi même quand il ne semble pas justifié. Mais dans la majorité des cas, la pratique nous permet de constater que le renvoi n'est pas demandé. Cela peut s'expliquer par plusieurs raisons : la reconnaissance des faits, une faible gravité des faits, des prévenus voulant rapidement être jugé rapidement, ou encore des prévenus ne comprenant pas réellement l'intérêt d'un tel renvoi. Néanmoins, l'une des raisons souvent évoquée est celle du risque de détention provisoire[29]. Lorsque ce délai est accordé, le prévenu n'est, en effet, pas libre pour autant. L'article 396 du code de procédure pénale[30] prévoit la possibilité - si nécessaire - de placer ou maintenir le prévenu en détention provisoire ou sous contrôle judiciaire. En pratique, cette possibilité est fréquemment appliquée. Dans certains tribunaux, la politique du parquet est de requérir presque systématiquement le placement du prévenu -demandant un renvoi - en détention provisoire, laissant ensuite aux

[28] Entretien avec une magistrate du parquet de Thionville et une ancienne magistrate du parquet de Sarreguemines en octobre 2023.

[29] Viennot Camille, « Célérité et justice pénale : L'exemple de la comparution immédiate », Archives de politique criminelle, vol. 29, no. 1, 2007, pp. 117-143.

[30] Code de procédure pénale, article 396.

magistrats du siège le soin de prendre une décision[31]. Dans les cas où il y a plusieurs prévenus, le parquet peut être amené à moduler ses réquisitions (détention provisoire ou contrôle judiciaire) en fonction du casier judiciaire et/ou de l'implication des prévenus. Même si les réquisitions du parquet ne sont pas systématiquement suivies, le tribunal décide fréquemment d'un placement ou d'un maintien en détention provisoire en lieu et place d'un contrôle judiciaire. Il convient toutefois de rappeler que le placement en détention provisoire est encadré par l'article 144 du code de procédure pénale[32] qui liste 7 objectifs auxquels la détention provisoire doit être l'unique moyen d'y parvenir.

Les prévenus jugés en comparution immédiate. Le placement en détention provisoire fréquent peut s'expliquer par deux raisons : le risque de récidive et l'absence de garanties de représentation. Plusieurs études[33] ont en effet démontré que la majorité des prévenus en comparution immédiate sont des hommes, de moins de 30 ans, célibataires, dans une situation précaire ; environ 10 % sont même sans domicile fixe. La majorité de ces individus ont un casier judiciaire et environ 40 % d'entre eux sont en état de récidive légale. En comparution immédiate, on retrouve

---

[31] Entretien avec une magistrate du parquet de Thionville en octobre 2023.

[32] Code de procédure pénale, article 144.

[33] Welzer-Lang Daniel, et Castex Patrick. *Comparutions immédiates : quelle justice ? Regards citoyens sur une justice du quotidien*. Érès, 2012 ; Conseil Lyonnais pour le Respect des Droits, rapports février 2008, novembre 2009 et mars 2012 ; Observatoire Régional de la Délinquance et des Contextes Sociaux (ORDCS), étude menée de novembre 2012 à août 2013.

ainsi une grande majorité d'hommes, isolés, en situation précaire déjà connus de la justice. Caractéristiques qui impliquent finalement peu de garanties de représentations.

La procédure de comparution immédiate apparaît ainsi être une procédure principalement destinée à des individus en situation de grande précarité, pour qui il est très compliqué d'entreprendre des démarches et de préparer une défense efficace. Les difficultés découlant de la précarité sont alors renforcées par la rapidité de la procédure de comparution immédiate.

S'il existe ainsi de nombreuses difficultés rencontrées par la défense lors de la procédure de comparution immédiate, les magistrats - du parquet comme du siège - sont eux aussi confrontés à la rapidité et aux difficultés inhérentes à cette procédure.

2. Un délai suffisant pour préparer l'audience ?

Les magistrats du siège comme du parquet rencontrent des difficultés communes dans la préparation de l'audience (2.1), bien que leurs rôles soient très différents (2.2).

2.1. L'examen du dossier

La connaissance des faits. La principale difficulté pour les magistrats du siège comme du parquet est de prendre connaissance du dossier avant l'audience. Différentes organisations existent au sein des juridictions afin d'éviter que les magistrats aient connaissance du dossier au dernier moment.

Du côté des magistrats du parquet, dans certaines juridictions[34], le magistrat de permanence durant la garde à vue et qui a déféré le prévenu va prendre l'audience de comparution immédiate : il aura suivi le dossier depuis le début. Ce modèle complique néanmoins l'organisation de la permanence, nécessitant le remplacement du magistrat de permanence lors de l'audience de comparution immédiate. Ainsi dans d'autres juridictions, c'est un autre magistrat du parquet qui se rend à l'audience. Dans cette hypothèse, quand le magistrat de permanence commence à envisager la procédure de comparution immédiate, il prévient le collègue qui prendra l'audience. Ils ont ainsi le temps d'échanger sur le dossier avant l'audience et de discuter de la situation du gardé à vue, avant même que celui-ci ne soit déféré. La plupart du temps, un point d'étape sera réalisé entre le déferrement et l'audience.

On constate ainsi que l'organisation mise en place au niveau du parquet permet une bonne connaissance globale du dossier malgré une procédure rapide. Néanmoins, si ce modèle s'applique aisément à l'organisation des petites juridictions, dans de plus grandes juridictions où le nombre de magistrats, de dossiers et de déferrement sont plus importants, ce mode de fonctionnement ne peut que difficilement trouver à s'appliquer. Les échanges entre les

---

[34] Échange avec un ancien magistrat du parquet de Sarreguemines, actuellement au parquet de Thionville.

magistrats ne sont pas aussi aisés. Si plusieurs prévenus sont par exemple déferrés concomitamment pour une audience prévue quelques heures plus tard, la transmission d'informations devient plus complexe.

En revanche, côté siège, aucun suivi du dossier au stade de la garde à vue. Il est donc moins aisé pour ces magistrats d'avoir connaissance du dossier en amont. Là encore, certaines juridictions s'organisent pour qu'au moins le président de la juridiction de jugement en ait connaissance en amont. À Thionville, par exemple, quand une audience de comparution immédiate est prévue pour l'après-midi, le dernier déferrement a lieu à 11h. Le président a donc environ deux heures pour prendre connaissance du dossier à la fin du déferrement. Lorsqu'une audience est prévue le matin, les individus sont déférés la veille, sauf exception avant 17h : les magistrats du siège ont alors la soirée pour prendre connaissance dudit dossier.

Là encore, il s'agit d'un modèle qui fonctionne bien au sein d'une petite juridiction – avec peu de procédures - mais qui est plus délicat à mettre en œuvre dans une plus grande juridiction, avec un nombre plus important de dossiers et de déferrements.

La connaissance de la personnalité du prévenu. Les magistrats ont également besoin d'obtenir des éléments de personnalité concernant le prévenu, afin d'adapter au mieux leurs réquisitions pour le parquet et la peine à prononcer pour le siège. Dans ce sens, l'article 41 du code de procédure pénale[35] donne la possibilité au Procureur de requérir une personne habilitée ou le service pénitentiaire d'insertion et de probation (SPIP), afin de vérifier la situation d'une personne faisant l'objet d'une enquête ainsi que la faisabilité matérielle de certaines peines ou aménagements et de l'informer sur les mesures pouvant favoriser son insertion sociale. Cette possibilité devient une obligation, selon l'alinéa 6 de cet article, dans le cadre de la comparution immédiate. Cette enquête sociale devrait donc permettre, en théorie et malgré le court délai, d'obtenir des informations sur l'environnement familial et les garanties de représentation du prévenu. La pratique s'avère plus complexe.

Si les entretiens sont rapides et portent notamment sur le logement, le travail, la situation familiale (enfants, mariage, parents…) ainsi que la santé du prévenu - afin de mieux le comprendre et de pouvoir personnaliser, voir éventuellement aménager sa peine - la difficulté réside dans le fait qu'ils sont principalement déclaratifs : ce sont les prévenus qui fournissent les réponses aux questions de l'enquêteur social, mais ils n'ont pas nécessairement de quoi justifier leurs déclarations. Certains prévenus ne connaissent d'ailleurs pas le numéro de téléphone d'un proche susceptible d'apporter ces justificatifs. Si ces données sont connues, il faudra alors que l'enquêteur social arrive à joindre ces personnes au moment des vérifications et que ces personnes puissent effectivement fournir les documents nécessaires avant l'audience. Ainsi en pratique,

[35] Code de procédure pénale, article 41.

ces enquêtes présentent nombre de difficultés liées à la rapidité de la procédure de comparution immédiate.

2.2. Le rôle des magistrats

Le rôle majeur du parquet dans le choix de la procédure. Les réformes successives, ayant élargi le champ d'application de la comparution immédiate, laissent aux magistrats du parquet une marge de manœuvre dans le choix de la procédure. Ce choix s'effectue en prenant en compte différents paramètres. En pratique, il existe au sein de chaque juridiction le traitement en temps réel (TTR) des procédures pénales. Le TTR désigne une permanence téléphonique assurée par un ou plusieurs parquetiers. Les enquêteurs contactent cette permanence pour demander des autorisations pour mener certains actes d'enquête, réaliser un compte-rendu d'une enquête en cours, prévenir du placement en garde à vue d'un individu, ou de tout autre acte nécessitant une intervention ou autorisation du parquet. C'est également par ce biais que le magistrat décidera des suites à donner à une procédure. Ainsi, il peut décider d'un classement sans suite, de convoquer le mis en cause à une audience ou toute autre suite possible. Il peut également demander que celui-ci soit déféré devant lui.

La comparution immédiate visant à juger les prévenus à l'issue de la garde à vue, la décision de recourir à cette procédure est envisagée au cours de cette dernière et confirmée lors du déferrement. La décision du magistrat s'appuiera uniquement sur des comptes rendus téléphoniques réalisés par les enquêteurs, le dossier arrivant au tribunal au moment du déferrement. Pour Camille Viennot[36], ce système a créé une « dépendance concrète des magistrats vis-à-vis des policiers ». La difficulté n'est pas tant que le magistrat s'appuie sur le compte rendu des policiers, mais qu'il n'ait pas accès au dossier entier. Lors de l'échange téléphonique, l'enquêteur peut oublier de mentionner un élément, le magistrat peut ne pas s'apercevoir d'une erreur de procédure, etc. Ainsi, un prévenu peut être orienté vers une comparution immédiate et être finalement relaxé en raison d'une erreur des enquêteurs ou encore de l'absence d'un acte d'enquête. Avec le TTR, les risques de ne pas relever un élément important sont augmentés eu égard au mode de communication et au rythme soutenu imposé par cette permanence. Ainsi, la qualité des dossiers présentés à l'audience peut apparaitre moindre lors du recours à cette procédure accélérée, alors même que l'article 395 du code de procédure pénale impose que l'affaire soit « en état d'être jugée ».

La pratique des juges du siège en comparution immédiate. Au sein des juridictions à flux élevé, les audiences de comparution immédiate sont très chargées. Les magistrats du siège disposent alors d'un temps restreint, que ce soit pour instruire l'affaire ou pour délibérer. Lors de l'audience, le président de la juridiction débute l'instruction du dossier par un résumé des faits, puis donne la parole aux avocats des différentes parties, puis entend le procureur

---

[36] Viennot Camille, « Célérité et justice pénale : l'exemple de la comparution immédiate » ; Archives de politique criminelle, vol. 29, no. 1, 2007, pp. 117-143.

dans ses réquisitions et donne la parole au prévenu en dernier. Le tribunal doit ensuite délibérer sur la culpabilité et le cas échéant sur la peine. Toutes ces étapes nécessitent du temps que la procédure de comparution immédiate ne permet pas toujours de prendre. D'après une étude menée en 2012[37], on constate que lors d'une audience de comparution immédiate, le traitement d'un dossier se déroule en moins de 20 minutes dans 22% des cas et l'avocat de la défense plaide moins de 8 minutes dans 67% des cas. Le délibéré dure moins de 15 minutes dans 80% des cas. Bien que les dossiers orientés en comparution immédiate soient des dossiers où les charges doivent être suffisantes et l'affaire en état d'être jugée, ces chiffres questionnent quant à la qualité d'une justice rendue aussi rapidement.

Il est également fréquemment question de la sévérité des peines prononcées en comparution immédiate. En effet, aux dires de nombreux avocats[38], le choix de la procédure a un impact important sur la peine. En comparution immédiate, le mandat de dépôt « est souvent la règle alors qu'en correctionnelle c'est l'exception ». On retrouve également des critiques sur l'absence de personnalisation de la peine

---

[37] Welzer-Lang Daniel et Castex Patrick, Comparutions immédiates : quelle justice ? Regards citoyens sur une justice du quotidien, Érès, 2012.

[38] Christin Angèle, Comparutions immédiates, enquête sur une pratique judiciaire, Paris, Editions La Découverte, 2008 ; Welzer-Lang Daniel et Castex Patrick, Comparutions immédiates : quelle justice ? Regards citoyens sur une justice du quotidien, Érès, 2012.

et sur le pourcentage élevé d'emprisonnement[39]. Les magistrats justifient ces chiffres par l'orientation en comparution immédiate : les dossiers concerneraient des personnes présentant un certain niveau de dangerosité pour l'ordre public. La grande précarité et l'absence de garanties de représentation des prévenus en comparution immédiate expliquent également le fort taux d'incarcération. Il n'en reste pas moins qu'il existe ici une réelle différence avec les peines prononcées lors de procédures dites « classiques ».

Pour conclure, si la finalité de cette procédure est d'obtenir une justice rapide, la procédure de comparution immédiate permet alors d'atteindre cet objectif. Si l'on cherche à rendre une justice de qualité, on peut se demander si cette procédure est la plus adaptée, alors même que les acteurs du monde judiciaire aspirent à délivrer une justice de qualité.

---

[39] ZOCCHETTO François au nom de la Commission des lois et de la mission d'information de la commission des lois, Rapport d'information n°17 (2005-2006), déposé le 12 octobre 2005. Concernant l'emprisonnement fréquent à l'issue d'une procédure de comparution immédiate, il fournit plusieurs statistiques démontrant effectivement un nombre d'emprisonnement élevé. Il relève que dans certains tribunaux, en comparution immédiate, un mandat de dépôt est prononcé dans 78% des cas. On retrouve des données similaires dans l'étude réalisée par Welzer-Lang Daniel et Castex Patrick.

Jugement à délai rapproché et droit européen des droits de l'homme

Sabrina LAVRIC
Maître de conférences en droit privé et sciences criminelles – Université de Lorraine (en délégation à l'Université de la Nouvelle-Calédonie), LARJE (EA 3329), membre associée de l'Institut François Gény (UR 7301)

Après la constitutionnalité, c'est la conventionnalité des procédures de jugement à délai rapproché, en particulier de la comparution immédiate, qu'il s'agit d'interroger. Notre référentiel est la Convention de sauvegarde des droits de l'homme et des libertés fondamentales du 4 novembre 1950, dite Convention européenne des droits de l'homme, telle qu'interprétée par son organe de contrôle, la Cour européenne des droits de l'homme. La question, plus précise, qui est posée est celle de la conformité des procédures rapides de jugement au droit de la Convention et, plus spécialement, au droit à un procès équitable, tel que prévu à l'article 6 aux termes duquel « Toute personne a droit à ce que sa cause soit entendue équitablement, publiquement et dans un délai raisonnable, par un tribunal indépendant et impartial, établi par la loi, qui décidera, soit des contestations sur ses droits et obligations de caractère civil, soit du bien-fondé de toute accusation en matière pénale dirigée contre elle. [...] » (art. 6, § 1).

Avant d'y répondre, il peut être utile de rappeler le cadre posé par la Cour de Strasbourg en matière de procédure pénale, et même de procédure tout court. Ce cadre est relativement lâche, puisque le choix de l'organisation juridictionnelle et des procédures applicables incombe aux États parties à la Convention. Mais le fonctionnement de cette organisation et la mise en œuvre des règles procédurales nationales doivent garantir, de manière effective, le droit à un procès équitable.

Comme l'a énoncé la Cour européenne, dans son arrêt *Sejdovic* en 2006, « La Convention laisse aux États contractants une grande liberté dans le choix des moyens propres à permettre à leurs systèmes judiciaires de répondre aux exigences de l'article 6. Il appartient à la Cour de rechercher si le résultat voulu par la Convention se trouve atteint. En particulier, il faut que les moyens de procédure offerts par le droit et la pratique internes se révèlent effectifs si l'accusé n'a ni renoncé à comparaître et à se défendre ni eu l'intention de se soustraire à la justice »[1] (dans cet arrêt, il était question d'un procès par contumace et d'une condamnation *in absentia*, ce qui explique la formule employée).

---

[1] CEDH [GC] 1er mars 2006, *Sejdovic c. Italie*, n° 56581/00, § 83.

Les règles de procédure, telles que définies par les États parties à la Convention, doivent donc – c'est leur objectif – permettre au système judiciaire national de répondre aux exigences de l'article 6. Et il appartient à la Cour européenne opérant, de manière subsidiaire seulement, son contrôle de conventionnalité, de rechercher si les « standards requis par l'article 6 » ont été respectés[2].

Les garanties portées par l'article 6, explicitement ou implicitement, sont nombreuses. Elles sont à la fois institutionnelles et procédurales. Certaines sont dotées d'une portée générale – c'est le contenu de l'article 6§1 de la Convention précité – d'autres sont propres à la matière pénale au sens autonome que lui confère la jurisprudence européenne[3] – il s'agit du contenu des §§ 2[4] et 3[5] de l'article

[2] Rép. pén. Dalloz, *v°* Convention européenne des droits de l'homme, par P. Dourneau-Josette, n° 367.
[3] Rappelant que les exigences de l'article 6 sont renforcées en matière pénale par rapport à la matière civile, v. CEDH 28 juin 1978, *König c. Allemagne*, n° 6232/73, § 96
[4] « Toute personne accusée d'une infraction est présumée innocente jusqu'à ce que sa culpabilité ait été légalement établie »
[5] « Tout accusé a droit notamment à : a) être informé, dans le plus court délai, dans une langue qu'il comprend et d'une manière détaillée, de la nature et de la cause de l'accusation portée contre lui ; b) disposer du temps et des facilités nécessaires à la préparation de sa défense ; c) se défendre lui-même ou avoir l'assistance d'un défenseur de son choix et, s'il n'a pas les moyens de rémunérer un défenseur, pouvoir être assisté gratuitement par un avocat d'office, lorsque les intérêts de la justice l'exigent ; d) interroger ou faire interroger les témoins à charge et obtenir la convocation et l'interrogation des témoins à décharge dans les mêmes conditions que les témoins à charge ; e) se faire assister gratuitement d'un interprète, s'il ne comprend pas ou ne parle pas la langue employée à l'audience. »

6, qui concerne le droit au respect de la présomption d'innocence et les droits de la défense.

Sur le champ d'application de l'article 6 en matière pénale, la Cour a déjà eu à connaître de procédures « sommaires » appliquées à des contraventions routières qualifiées d'administratives par le droit allemand, et elle a pu affirmer (c'est l'affaire *Öztürk contre Allemagne*[6], jugée en 1984 et dans laquelle se posait la question de savoir si l'article 6§3, e, garantissant le droit à l'assistance gratuite d'un interprète, était applicable), qu'« il serait contraire à l'objet et au but de l'article 6, qui garantit aux "accusés" le droit à un tribunal et à un procès équitable, de permettre à l'État de soustraire à l'empire de ce texte toute une catégorie d'infractions pour peu qu'il les juge légères » (§ 53).

Pour autant, le système adopté par le législateur allemand n'a pas été remis en cause dans son principe, la Cour affirmant, par référence à l'arrêt *Deweer c. Belgique* du 27 février 1980 ainsi qu'à l'arrêt *Le Compte, Van Leuven et De Meyere c. Belgique* du 23 juin 1981 : « 56. [...] Eu égard au grand nombre des infractions légères, notamment dans le domaine de la circulation routière, un État contractant peut avoir de bons motifs de décharger ses juridictions du soin de les poursuivre et de les réprimer. Confier cette tâche, pour de telles infractions, à des autorités administratives ne se heurte pas à la Convention pour autant que l'intéressé puisse saisir de toute décision prise à son encontre un

[6] CEDH 21 févr. 1984, *Öztürk c. Allemagne*, n° 8544/79.

tribunal offrant les garanties de l'article 6 » (autrement dit un tribunal établi par la loi, indépendant et impartial).

Ainsi, un État peut donc « aménager » ses procédures comme il l'entend, et ce jusqu'à soustraire certaines infractions à la compétence du juge judiciaire ; mais un recours de nature juridictionnelle contre la décision rendue doit demeurer possible. La Convention n'impose aucune procédure à proprement parler, ni aucun modèle procédural, au sens classique des modèles accusatoires ou inquisitoires[7]. Son approche est finaliste : l'application des règles procédurales nationales doit « produire » un procès équitable (c'est le résultat escompté, qui détermine la conventionalité).

On rappellera encore que le contrôle de conventionalité porte sur le respect ou non des dispositions de la Convention au cas par cas ; et que la Cour n'est que rarement amenée à apprécier la conventionalité même d'une législation (évidemment, cela peut arriver mais cela reste l'exception).

Enfin, et c'est logique, l'interprétation des règles de nature procédurale relève au premier chef des cours et tribunaux

[7] En réalité le modèle imposé, tel qu'il a été théorisé par Serge Guinchard, c'est celui du procès équitable, qui tend à constituer aujourd'hui un modèle universel ; v. *Droit processuel*, Dalloz, 12e éd., n° 288 s.

nationaux, la Cour « n'a[yant] pas pour tâche de se substituer aux juridictions internes »[8].

Donc, en elle-même, la comparution immédiate n'a rien d'inconventionnelle, puisque la Cour se satisfait, en matière pénale, de procédures sommaires, et même soustraites à la compétence du juge judiciaire. Pour autant, et c'est notre sujet, il est permis d'apprécier les procédures rapides de jugement à l'aune des standards portés par l'article 6 ; et c'est cette démarche que nous allons suivre.

La comparution immédiate pose, nous semble-t-il, une question générale, qui est celle du délai raisonnable de jugement (I), et des questions plus spécifiques, liées aux droits devant bénéficier à tout accusé (II).

I. Le respect du délai raisonnable dans le cadre des procédures de jugement à délai rapproché

L'article 6§1 de la Convention garantit à toute personne le droit d'être jugée dans un délai raisonnable. Cette exigence de célérité est, pour la Cour, particulièrement importante parce qu'il y va de la crédibilité de la justice et de son efficacité[9]. Elle répond à « la nécessité de veiller à ce qu'un accusé ne demeure pas trop longtemps dans l'incertitude de

---

[8] CEDH 10 janv. 2006, *Gruais et Bousquet c. France*, n° 67881/01, § 27 ; v. déjà, CEDH 28 oct. 1998, *Pérez de Rada Cavanilles c. Espagne*, §§ 44-45 ; 10 juill. 2001, *Tricard c. France*, n° 40472/98, § 29.

[9] v. J.-F. Renucci, *Droit européen des droits de l'homme*, LGDJ, 9e éd., n° 391.

la solution réservée à l'accusation pénale qui sera portée contre lui »[10].

Pèsent ainsi sur l'État l'obligation positive de juger chaque affaire dans un délai raisonnable et celle d'organiser ses juridictions de manière à ne pas entrainer des lenteurs excessives (ce qui pourra supposer, le cas échéant, des modifications d'ordre structurel).

Si les lenteurs excessives valent aux États des condamnations[11], l'excès inverse est tout aussi concevable, même s'il n'a jamais été porté jusque devant la Cour de Strasbourg. « La justice ne doit être ni trop lente ni trop rapide », et « le recours actuel à des procédures parfois (trop) rapide pourrait conduire les juges de Strasbourg à un même constat de violation »[12], écrivait Jean-François Renucci en 2021. Chacun, je pense, le rejoindra assez spontanément : à l'instar d'une justice trop lente, une justice expéditive n'est pas une bonne justice (et un procès « hâtif » n'est pas un procès équitable, au sens du même article 6§1). Pour autant, le thème d'une justice pénale précipitée n'est guère abordé, à l'ère du TTR (Traitement en temps

---

[10] Crim. 9 nov. 2022, n° 21-85.655, Dalloz Actu Etudiant, 7 déc. 2022, obs. S. Lavric, § 9, faisant référence à CEDH 8 juill. 2008, *Kart c. Turquie*, n° 8917/05, § 68.

[11] Pour la condamnation récente de la France pour durée excessive (18 ans) d'une procédure juridictionnelle (action civile résultant d'une infraction), v. CEDH 12 mai 2022, *Tabouret c.France*, n° 43078/15 ; Dalloz actualité, 9 juin 2022, obs. H. Diaz ; AJ pénal, 2022. 344, obs. R. Parizot ; sur les enjeux d'une durée excessive, v. Dossier : Délai raisonnable et nullité de la procédure, AJ pénal 2022, p. 343.

[12] J.-F. Renucci, *op. cit.,* p. 526.

réel) et autres procédures sommaires (qu'on a déjà évoquées). La lenteur est considérée comme mère de tous les maux (dans la tradition du *lis perpetua* – ou procès perpétuel – de la Renaissance), tandis que la rapidité de la réponse pénale est érigée au rang de dogme.

Un rapport portant sur le TTR des affaires pénales publié en 2005 relevait ainsi : « la rhétorique de la crise a imposé le paradigme de la justice rapide comme réponse à la demande sociale d'une justice plus efficace. […] Le fonctionnement dans l'urgence est devenu la principale réponse à la crise de légitimité que traverse l'institution judiciaire et l'un des principes moteurs qui régit les réformes mises en œuvre »[13]. Presque 20 ans plus tard, la crise de légitimité est toujours là (sans doute liée à une crise profonde de nos institutions), et avec elle l'impératif de rapidité. Sur la comparution immédiate, « filière de traitement valorisée par les procureurs […] pour traiter les affaires en temps réel »[14], le rapport notait qu'elle servait « aussi bien à traiter – en les simplifiant – de gros dossiers qui échappent ainsi à l'instruction, que les toutes petites affaires sensibles de la délinquance de rue qui n'auraient pas toutes fait naguère l'objet d'un signalement à la justice ni *a fortiori* de poursuites »[15]. En conclusion le même rapport relevait: « la focalisation sur la comparution

[13] B. Bastard, C. Mouhanna, W. Ackermann, *Une justice dans l'urgence : le traitement en temps réel des affaires pénales*, rapport GIP justice, p. 190 ; suivant la même idée, Christian Guéry désigne la comparution immédiate comme « le fer de lance » du développement du TTR (Rép. pén. Dalloz, *v*° Comparution immédiate, § 11).
[14] Rapport GIP justice, *ibid.*
[15] *Op. cit.*, p. 191.

immédiate et sur ce qui peut se traiter de la manière la plus rapide et la plus productive s'accompagne d'une réduction du temps passé à l'étude des dossiers, au parquet autant qu'au siège »[16].

Dans l'Ancien droit un proverbe disait « de fol juge brève sentence » pour signifier que le juge pressé de juger jugeait témérairement[17]. Suivant la même idée, Rabelais faisait dire au juge Bridoye dans son *Tiers-Livre* : « Comme vous messieurs je considère que le temps murit toutes choses : avec le temps, toutes choses deviennent visibles ; le temps est père de vérité (…). C'est pourquoi, comme vous messieurs, je sursois, retarde et diffère le jugement afin que le procès, bien ventilé, épluché et débattu, vienne par succession de temps à maturité et que le sort survenant par la suite soit plus doucettement supporté par les parties condamnées (…) »[18].

Peut-être faudrait-il relativiser le lien actuel établi entre rapidité et efficacité[19] ou en tout cas, rappeler que le délai raisonnable de jugement, tel que défini par la jurisprudence

---

[16] *Ibid.*

[17] Dans les Institutes coustumières d'Antoine Loisel, on peut lire : « sage est le juge qui escoute, et tard juge. Car de fol Juge, briefve sentence. Qui tost juge, et qui n'entend, faire ne peut bon jugement » (A. Loisel, Institutes coustumieres ou Manuel de plusieurs et diverses Reigles, Sentences, et Proverbes, tant anciens que modernes, du Droict Coustumier et plus ordinaire de la France, (Paris, Abel L'Angelier, 1611), éd. Michel Reulos, Paris, Librairie du Recueil Sirey, 1935, VI, III, XIII, p. 135) ; M. Kebir, « L'histoire du juge Bridoye dans Le Tiers-Livre de Rabelais », Les Cahiers de la Justice 2020/3 (N° 3), p. 559.

[18] M. Kebir, art. préc., p. 551.

[19] En ce sens, M. Kebir, préc.

européenne, correspond au délai approprié pour traiter une affaire dans toute sa singularité, compte tenu, notamment, de sa complexité.

On sait que la Cour européenne se livre une appréciation du délai raisonnable à la fois *in concreto* (tenant compte des « circonstances particulières de la cause ») et *in globo* (portant sur l'ensemble de la procédure litigieuse), en recourant à trois principaux critères tenant précisément à la complexité de l'affaire, au comportement du requérant et celui des autorités compétentes (et parfois à l'enjeu du litige)[20].

Les circonstances particulières d'une affaire devraient donc exclure, si elles impliquent un délai de « traitement » plus long, le recours à des procédures (trop) rapides[21].

On rappellera que l'article 395 du Code de procédure pénale permet le recours à la comparution immédiate pour les seules affaires qui sont en état d'être jugées (il faut en outre que les éléments du dossier la justifient). Reste que ces conditions sont appréciées par le parquet et que l'orientation des procédures, parfois, peut interroger. Et au-

---

[20] v. par ex. P. Dourneau-Josette, Rép. pén. Dalloz, *v°* Convention européenne des droits de l'homme, jurisprudence de la cour européenne des droits de l'homme, n° 462 s.

[21] Selon Michel Redon, magistrat, « il ne s'agit plus comme autrefois d'expédier les délits devant le tribunal correctionnel, mais bien d'offrir au ministère public une palette complète et adaptée dans le choix des modes de poursuite, dont la comparution immédiate est un outil parmi d'autres » ; « Comparution immédiate : depuis toujours, le juge reprend ses droits quand il le doit », AJ pénal 2020, p. 384.

delà de la question d'une « barémisation » ou d'une « standardisation » de la réponse pénale (également pointée dans le rapport GIP précité), il apparaît que, selon les circonstances, il faut répondre vite mais aussi montrer que la justice pénale répond[22], au risque, parfois, de confondre vitesse et précipitation.

Au-delà de la question du temps nécessaire pour garantir un « bon procès », celle de l'impact (concret) des procédures rapides de jugement sur les autres garanties du procès équitable se pose.

II. L'impact des procédures de jugement à délai rapproché sur les garanties devant bénéficier à tout accusé

La Cour européenne a déjà eu l'occasion de préciser (dans des affaires concernant la preuve pénale) que les exigences générales d'équité s'appliquaient à toutes les procédures, quel que soit le type d'infraction concerné ; que le poids de l'intérêt public à la poursuite de l'infraction et à la sanction de son auteur pouvait être pris en considération pour apprécier si la procédure, dans son ensemble, avait été équitable ; mais que les préoccupations d'intérêt général ne pouvaient justifier des mesures vidant de leur substance

[22] Évoquant une justice de l'émotion, v. B. David, « La procédure des comparutions immédiates ou la quasi-certitude d'être incarcéré », AJ pénal 2020, p. 386.

même les droits de la défense d'un requérant, y compris celui de ne pas contribuer à sa propre incrimination[23].

Mutatis mutandis, comme dirait la Cour elle-même, la question du respect et de l'effectivité des droits de la défense, *latu sensu*, se pose dans le cadre plus spécifique des procédures rapides de jugement, spécialement la comparution immédiate (qui est la plus rapide).

Les droits de la défense sont une composante du droit à un procès équitable : ils sont rattachés à la fois à la garantie générale de l'article 6 §1 ; au §2 dès lors qu'ils sont en lien avec la présomption d'innocence ; et le paragraphe 3 de l'article 6 prévoit spécialement une série de droits de la défense devant bénéficier à tout accusé (d'où le double voire le triple rattachement des droits de la défense à l'article 6)[24].

Le paragraphe 2 de l'article 6 « exige, entre autres, qu'en remplissant leurs fonctions, les membres du tribunal ne

---

[23] CEDH, GC, 11 juill. 2006, *Jalloh c. Allemagne*, n° 54810/00, § 97, pour des éléments de preuve obtenus grâce à l'administration d'un émétique au requérant et utilisés lors de son procès pour trafic de stupéfiants ; v. déjà, CEDH 21 déc. 2000, *Heany et Mc Guiness c. Irlande*, n° 34720/97, § 57, pour des requérants condamnés pour avoir refusé de répondre aux questions des policiers.

[24] Les paragraphes 2 et 3 de l'article 6 « revêtent le caractère d'applications particulières du principe général énoncé au paragraphe 1. La présomption d'innocence que consacre le paragraphe 2 et les divers droits que le paragraphe 3 énumèrent en des termes non exhaustifs ("notamment", "*minimal rights*") constituent des éléments, parmi d'autres, de la notion de procès équitable en matière pénale » (CEDH 27 févr. 1980, *Deweer c. Belgique*, n° 6903/73, § 59).

partent pas de l'idée préconçue que le prévenu a commis l'acte incriminé [ce qui renvoie à l'impartialité du tribunal, entendue comme l'absence de parti pris et de préjugés] ; la charge de la preuve pèse sur l'accusation et le doute profite à l'accusé. En outre, il incombe à celle-ci d'indiquer à l'intéressé de quelles charges il fera l'objet afin de lui fournir l'occasion de préparer sa défense en conséquence, et d'offrir des preuves suffisantes pour fonder une déclaration de culpabilité »[25].

Quant au paragraphe 3, il « énumère d'une manière non limitative certains droits particuliers qui, en matière pénale, constituent des éléments essentiels de la notion de procès équitable contenue dans l'article 6§1 »[26].

Le respect des droits de la défense est qualifié par certains auteurs de principe droit naturel[27]. Pour d'autres, il s'agirait de « l'empreinte que donne une société civilisée sur ses procès »[28] - l'expression est celle de Serge Guinchard –, dès lors qu'il garantit le respect des arguments et donc de la personne de la partie adverse. Il apparaît comme une composante essentielle du procès équitable d'ordre conceptuel, trouvant une traduction « technique » à travers deux garanties plus fonctionnelles et complémentaires : le respect du contradictoire (qui correspond au droit à la

[25] CEDH 6 déc. 1988, *Barberà, Messegué et Jabardo c. Espagne*, n° 10590/83, § 77.
[26] CEDH 12 févr. 1985, *Colozza c. Italie*, n° 9024/80, § 26.
[27] Évoquant « une exigence européenne d'idéal de justice » ; B. Oppetit, *Philosophie du droit*, Dalloz, 1999, p. 117.
[28] S. Guinchard, *Droit processuel*, Dalloz, p. 453.

discussion) et de l'égalité des armes[29] (qui implique pour une partie de ne pas être placée dans une situation de net désavantage par rapport à son adversaire).

L'article 6§3 prévoit au profit de l'accusé les garanties minimales suivantes : le droit à l'information sur les charges (art. 6§3, a), celui de bénéficier des services d'un interprète (art. 6§3, e) et de l'assistance d'un avocat (art. 6§3, c), le droit de pouvoir interroger les témoins (art. 6§3, d) et celui de disposer du temps et des facilités nécessaires pour préparer sa défense (art. 6§3, b).

L'article 6 § 3 b), en particulier, porte sur « deux éléments d'une défense véritable – nous dit le guide sur l'article 6 de la Convention –, la question des facilités et celle du temps »[30], qui prennent assurément un relief particulier dans le cadre des procédures rapides de jugement. La jurisprudence européenne nous enseignant que les « droits de la défense » visent à rétablir, dans la mesure du possible, l'égalité entre l'accusation et la défense[31], et qu'à ce titre, les « facilités » devant bénéficier à l'accusé incluent

---

[29] En ce sens, S. Lavric, *Le principe d'égalité des armes dans le procès pénal*, thèse Nancy 2, 2008, n° 201.

[30] V. Guide sur l'article 6 de la Convention européenne des droits de l'homme, Droit à procès équitable [volet pénal], § 418, p. 82.

[31] CEDH 20 janv. 2005, *Mayzit c. Russie*, n° 63378/00, § 79 ; v. déjà Comm. EDH 14 déc. 1981, *Jespers c. Belgique*, n° 8403/78, § 55 ; ainsi, lorsque l'accusé a été autorisé à se défendre lui-même, lui refuser l'accès au dossier s'analyse en une violation des droits de la défense (CEDH 18 mars 1997, *Foucher c. France*, n° 22209/93, § 33-36).

notamment l'accès au dossier et la communication des pièces pertinentes.

Quid du respect des droits de la défense dans le cadre de la comparution immédiate ? Il apparaît que la loi instaure des droits de la défense, mais qu'en pratique, le respect de ces droits n'est pas toujours effectif.

Ainsi, **dès son déferement,** le prévenu est informé de son droit à être assisté par un interprète et des faits qui lui sont reprochés et de leur qualification juridique, ainsi que de son droit à l'assistance d'un avocat (art. 393 al. 2, C. pr. pén.). Le même article précise que « l'avocat ou la personne déférée lorsqu'elle n'est pas assistée [...] peut consulter sur-le-champ le dossier » et que « L'avocat peut communiquer librement avec le prévenu » (al. 3).

Ensuite il est prévu que le procureur doit avertir l'intéressé de son droit de faire des déclarations, de répondre aux questions qui lui sont posées ou de se taire (al. 4).

Le texte permet alors une discussion, préalable à l'orientation du dossier : ainsi le procureur, après avoir recueilli les observations de la personne ou procédé à son interrogatoire, « entend, s'il y a lieu, les observations de l'avocat, portant notamment sur la régularité de la procédure, sur la qualification retenue, sur le caractère éventuellement insuffisant de l'enquête, sur la nécessité de procéder à de nouveaux actes qu'il estime nécessaires à la manifestation de la vérité et sur les modalités d'engagement éventuel des poursuites ou le recours éventuel à la procédure de comparution sur reconnaissance préalable de culpabilité » ; à la suite de quoi, le procureur, « au vu de ces observations », oriente le dossier et possiblement, « procède comme il est dit aux articles 394 à 396 ».

L'alinéa 5 de l'article 393 permet de joindre à la procédure de précédentes poursuites (sans aucun « préavis », il est vrai, en cas de comparution immédiate ; sinon un délai de 10 jours au moins doit séparer cette décision de la date de l'audience), le prévenu et son avocat en étant informés sans délai.

L'ensemble de ces formalités étant prévues à peine de nullité (art. 393 C. pr. pén. *in fine*).

On précisera que, de son côté, la victime doit être avisée par tout moyen de la date de l'audience (art. 393-1 C. pr. pén.).

En cas de réunion du tribunal impossible le jour même, le procureur peut traduire le prévenu devant le juge des libertés et de la détention, qui statue sur les réquisitions du ministère public après avoir informé le prévenu de son droit de se taire et recueilli ses observations éventuelles ou celles de son avocat (art. 396, al. 2 C. pr. pén.), après avoir fait procéder aux vérifications prévues par l'alinéa 8 de l'article 41 (vérification de la situation matérielle, familiale et sociale de la personne). L'ordonnance prescrivant la détention provisoire est rendue suivant les modalités de l'article 137-3 alinéa 1er du Code de procédure pénale et elle est motivée par référence à l'article 144 du même code ; elle est notifiée verbalement au prévenu et mentionnée au procès-verbal dont copie lui est remise sur le champ (al. 3).

A l'audience de jugement (au plus tard, le 3e jour ouvrable suivant), le prévenu est averti qu'il ne peut être jugé le jour même qu'avec son accord, recueilli en présence de son avocat ou d'un avocat désigné d'office (art. 397).

Enfin, selon l'article 397-1, tout récemment modifié par la loi du 20 novembre 2023, « Si le prévenu ne consent pas à être jugé séance tenante ou si l'affaire ne paraît pas en état d'être jugée, le tribunal, après avoir recueilli les observations des parties et de leur avocat, renvoie à une prochaine audience qui doit avoir lieu dans un délai qui ne peut être inférieur à quatre semaines, sauf renonciation expresse du prévenu, ni supérieur à dix semaines[32] ». Le prévenu ou son avocat pouvant demander au tribunal d'ordonner tout acte d'information qu'il estime nécessaire à la manifestation de la vérité relatif aux faits reprochés ou à la personnalité de l'intéressé (le tribunal devant motiver son refus le cas échéant).

L'article 397-6 dispose que « les témoins peuvent être cités sans délai et par tout moyen » (et qu'ils sont tenus de

---

[32] Les délais actuels, issus de la loi du 9 mars 2004, respectivement de deux et six semaines, seront cependant maintenus jusqu'au 29 septembre 2024, conformément au III de l'article 60 de la loi n° 2023-1059 du 20 novembre 2023 d'orientation et de programmation du ministère de la Justice 2023-2027 (*JORF* 21 nov.).

comparaître s'ils sont requis verbalement par un OPJ ou un agent de la force publique).

On précisera enfin qu'outre le *quantum* minimum exigé (6 mois en flagrance et 2 ans hors flagrance), la comparution immédiate est exclue pour les mineurs, les délits de presse (sauf exceptions, désormais envisagées à l'article 397-6 al. 2), les délits politiques et les infractions dont la procédure de poursuite est prévue par une loi spéciale (exceptions qui appellent l'application de règles procédurales globalement plus protectrices).

Finalement, et c'est Michel Redon, magistrat, qui l'écrivait dans l'AJ pénal en 2020[33], la comparution immédiate est assortie de garanties préalables que n'offrent pas les autres choix procéduraux du procureur de la République, elle est entourée d'obligations tenant notamment à la constitution d'un dossier de personnalité et à la présence obligatoire de l'avocat, et elle offre le droit d'obtenir des délais de jugement.

Garantie des droits de la défense dans la loi, qui n'empêche cependant pas des atteintes concrètes au procès équitable dans les faits.

---

[33] M. Redon, art. préc.

Sur l'accès au dossier, la chambre criminelle a notamment eu l'occasion d'énoncer[34], au visa de l'article 6§3, b, que, lorsqu'une personne est déférée devant le procureur de la République, en vue de sa comparution devant le tribunal correctionnel, selon la procédure de comparution immédiate ou de comparution différée, et que son avocat peut consulter sur-le-champ le dossier, cela suppose de remettre en même temps que le CD-rom contenant copie du dossier le matériel pour pouvoir le lire. Sinon, en effet, les droits de la défense ne sont pas effectifs ... Cette solution s'inscrit pleinement dans la jurisprudence européenne qui rappelle régulièrement, depuis l'arrêt *Airey contre Irlande* de 1979, que « la Convention a pour but de protéger des droits non pas théoriques ou illusoires, mais concrets et effectifs »[35].

De manière tout aussi pragmatique, la Cour européenne a constaté la violation du paragraphe 3 de l'article 6 de la Convention, combiné avec le paragraphe 1, dans une affaire où les débats devant la cour d'assises avaient duré plus de 17h sur une même journée, jusqu'à 4h00 du matin. Cette jurisprudence paraît condamner par principe les audiences, y correctionnelles, se prolongeant jusqu'au bout de la nuit, dès lors qu'« il est primordial que, non seulement les accusés, mais également leurs défenseurs, puissent suivre les débats, répondre aux questions et plaider en n'étant pas dans un état de fatigue excessif. De même, il est crucial que

---

[34] Crim. 9 mars 2022, n° 21-82.580, D. 2022. 559 ; Dalloz Actu Etudiant, 19 avr. 2022, obs. S. Lavric ; Dr. pénal 2022. Comm. 96, Maron et Haas ; Procédures 2022. Comm. 130, A.-S. Chavent-Leclère
[35] Comm. EDH 9 oct. 1979, *Airey c. Irlande*, n° 6289/73, § 24.

les juges et jurés bénéficient de leurs pleines capacités de concentration et d'attention pour suivre les débats et pouvoir rendre un jugement éclairé »[36].

Les procédures rapides de jugement, et la comparution immédiate en particulier, focalisent les critiques de nombre de praticiens qui estiment que les droits de la défense sont (encore) trop limités[37] et/ou pas suffisamment effectifs.

Il est vrai que l'urgence qui caractérise cette procédure paraît se répercuter sur tous les acteurs du procès. Côté défense, les avocats sont amenés à examiner la procédure en un temps très bref ; les dossiers présentés à la juridiction sont parfois incomplets ; les avocats peuvent certes demander un supplément d'information mais, dans la pratique, celui-ci serait rarement accordé[38]. Côté juridiction, les magistrats « ont les moyens juridiques de ne pas céder à la pression. Mais c'est un combat de tous les instants », écrit ainsi Christian Guéry[39]. Enfin, et ce n'est pas le moindre des maux, il apparaît qu'une personne poursuivie selon la procédure de comparution immédiate risque davantage d'être condamnée à une peine d'emprisonnement ferme que si elle comparaissait libre

---

[36] CEDH 19 oct. 2004, *Makhfi c. France*, n° 59335/00, § 40.

[37] P. Combles de Nayves et E. Mercinier, « Comparutions immédiates : la défense *in situ* », AJ pénal 2011, p. 18.

[38] Ch. Guéry, Rép. pén. Dalloz, *v°* Comparution immédiate, n° 11.

[39] *Ibid.*, n° 12 ; v. égal., cité par l'auteur, M. Redon, « La gestion pragmatique de la comparution immédiate par les magistrats », AJ pénal 2011, p. 16.

pour les mêmes faits[40] : ainsi, la comparution immédiate multiplierait par 8,4 la probabilité d'un emprisonnement ferme par rapport aux autres formes de jugement correctionnel[41] (d'où un risque accru d'atteinte au droit à la liberté et à la sûreté).

Voilà ce qui pouvait être rapidement dit au sujet de la conventionnalité des procédures de jugement à délai rapproché, essentiellement du point de vue du prévenu, usager du service public de la justice correctionnelle. Mais nous aurions également pu évoquer le droit de la victime d'un délit à un procès équitable. Si la place de la victime dans le procès pénal peut toujours être interrogée – et les échanges de seconde partie de journée en ont témoigné – il reste que, dans certains contentieux comme celui des violences intrafamiliales, le recours à des procédures trop rapides de jugement est parfois dénoncé, même si, on l'aura compris, la comparution immédiate permet assez efficacement d'éloigner l'auteur des violences en l'incarcérant. On remarquera d'ailleurs que le célèbre arrêt *Airey contre Irlande* de 1979[42] concernait la possibilité pour une femme victime de violences conjugales d'accéder à la justice (civile) pour demander un jugement de séparation de corps[43]. On rappellera également que dans l'arrêt *Perez*

---

[40] Ch. Guéry, préc., n° 11 ; v. égal. B. David, art. préc., qualifiant la comparution immédiate de « machine à incarcérer ».

[41] V. Gautron et J.-N. Rétière, La justice pénale est-elle discriminatoire ? Une étude empirique des pratiques décisionnelles dans cinq tribunaux correctionnels, HAL, oct. 2014, cités par B. David, art. préc.

[42] Arrêt préc., note 35.

[43] Dans cet arrêt, « La Cour constate ainsi, à la lumière de l'ensemble des circonstances de la cause [absence d'aide juridique pour pouvoir se

contre France de 2004[44], la Cour a reconnu qu'une plainte avec constitution de partie civile entrait dans le champ de l'article 6§1, tout en précisant : « si les impératifs inhérents à la notion de "procès équitable" ne sont pas nécessairement les mêmes dans les litiges relatifs à des droits et obligations de caractère civil que dans les affaires concernant des accusations en matière pénale, ainsi qu'en atteste l'absence, pour les premiers, de clauses détaillées semblables aux paragraphes 2 et 3 de l'article 6 […], il n'en résulte pas que la Cour doive se désintéresser du sort des victimes et minorer leurs droits. En tout état de cause, le code de procédure pénale, dans un article préliminaire qui résulte de la loi n° 2000-516 du 15 juin 2000, consacre expressément certains principes fondamentaux du procès pénal, au nombre desquels on compte "l'équilibre des droits des parties" et la "garantie des droits des victimes" »[45]. La rapidité de la réponse pénale est donc, aussi, à combiner avec le droit de la victime d'infraction non seulement d'accéder à la justice mais encore de bénéficier d'un procès équitable[46].

---

faire représenter en justice], que Mme Airey n'a pas bénéficié d'un droit d'accès effectif à la High Court pour demander un jugement de séparation de corps. Partant, il y a eu violation de l'article 6 par. 1 » (§ 28).

[44] Cour EDH, 12 févr. 2004, *Perez c. France*, n° 47287/99, D. 2004, p. 2943, note D. Roets ; RSC 2004, p. 698, obs. F. Massias ; sur cette question, v. J.-F. Renucci, *Droit européen des droits de l'homme*, préc., n° 348.

[45] Arrêt préc., § 72.

[46] En ce sens, notre thèse, préc., n° 153.

Pour louer les mérites du temps long, Rabelais fait conter à son juge Bridoye dans son *Tiers Livre* déjà évoqué l'histoire de Perrin Dandin et de son fils Thénot, tous deux « appointeurs de justice ». Le père dit un jour à son fils, venu se plaindre des difficultés qu'il avait à résoudre des litiges : « Mon fils il faut agir autrement. Pourquoi ne parviens-tu jamais à arranger les différends ? Parce que tu les prends à leur commencement, quand ils sont encore verts et crus. Pourquoi, moi, je les arrange tous ? Parce que je les prends sur leur déclin, bien mûrs et digérés »[47]. Il s'agit ici du temps nécessaire pour concilier, et même plus précisément du temps requis pour sortir d'un conflit. Mais il est sans doute possible de transposer la réflexion à l'acte de juger. On comprend les différentes raisons qui président à la rapidité de la réponse pénale, et certaines ne sont pas nouvelles si l'on se souvient que l'institution du « jugement immédiat » remonte au code d'instruction criminelle[48]. Mais ce cadre, initialement restreint aux affaires pour lesquelles les délais ordinaires de jugement étaient inutiles[49], est aujourd'hui dévoyé, au nom de la célérité, pour s'appliquer au jugement d'affaires toujours plus nombreuses et pour certaines complexes[50]. La promptitude

---

[47] Cité par M. Kébir, art. préc.

[48] La comparution immédiate étant l'héritière de la procédure de flagrant délit issue d'une loi du 20 mai 1863, v. M. Redon, « Comparution immédiate : depuis toujours, le juge reprend ses droits quand il le doit », AJ pénal 2020, p. 384.

[49] F. Hélie, *Pratique criminelle des cours et tribunaux*, Imprimerie & Librairie générale de jurisprudence, 3e éd., 1920, cité par M. Redon, art. préc.

[50] V. not. la tribune récemment publiée par un collectif d'avocats et de magistrats constitué par l'Union des jeunes avocats de Paris, « les comparutions immédiates, exception procédurale française,

de la réponse pénale apportée s'accompagne d'une certaine brutalité qui, non seulement interroge quant au respect des droits protégés par la Convention, c'est ce que nous avons tenté de démontrer, mais encore questionne quant à l'adhésion que cette réponse peut susciter auprès des principaux intéressés.

---

représentent une justice de deuxième classe inacceptable », Le Monde, 9 sept. 2023, dénonçant « le choix généralisé de la comparution immédiate » et estimant que « nombre de dossiers n'y ont pas leur place ».

Les exigences constitutionnelles relatives à la comparution immédiate

Jean-Baptiste THIERRY
Professeur, IFG (EA 7301)
Chargé de mission QPC, Conseil constitutionnel

Avant toute chose, il faut circonscrire la question. S'intéresser au cadre constitutionnel d'une procédure particulière est en effet une entreprise qui doit être bien comprise. Il ne saurait être question de céder à la tentation de la prédiction. Certain de connaître la jurisprudence du Conseil constitutionnel, le juriste peut en effet se perdre en conjectures pour essayer de voir un dispositif particulier déclaré contraire à la Constitution. En ce domaine comme dans d'autres, il faut se garder de trop de certitudes et se souvenir de ce que la jurisprudence est une construction empirique. Tout pronostic de constitutionnalité est alors incertain, sauf à relever de l'oracle[1]. Surtout, pour comprendre ce que pourraient être à l'avenir les exigences

[11] L'oracle doctrinal a d'ailleurs un grand intérêt puisqu'il a la particularité de ne jamais donner tort à celui qui le fait : soit la juridiction en charge de la question statue dans le même sens et c'est signe que l'oracle était juste, soit elle ne s'y conforme pas et c'est signe qu'elle n'a pas compris l'oracle.

constitutionnelles relatives à la comparution immédiate, il faut commencer par s'intéresser au cadre constitutionnel actuel de cette procédure. Or, sur ce point, un premier constat s'impose : la jurisprudence du Conseil constitutionnel sur les procédures accélérées en général, et la procédure de comparution immédiate en particulier, est quantitativement réduite, alors pourtant que la procédure de comparution immédiate est ancienne et très fréquemment utilisée. En 2022, sur 499 293 poursuites devant un tribunal correctionnel, ce sont 49 605 comparutions immédiates qui ont eu lieu[2].

Ceci est d'autant plus surprenant que la procédure de comparution immédiate fait depuis longtemps l'objet de nombreuses critiques[3]. Symbole de la managerialisation[4] de la justice ou de son efficience[5], signe d'une vision punitive de la procédure pénale[6], elle existe malgré tout depuis plus

---

[2] La comparution immédiate est moins utilisée que la convocation par OPJ (110 560 poursuites), la procédure de CRPC (107 005) ou l'ordonnance pénale (191 393). Source : *Références Statistiques Justice 2023* (en ligne), p. 95.

[3] L'émission « En direct de Mediapart » a même fait en 2017 le procès des comparutions immédiates, disponible sur Youtube.

[4] La Conférence des avocats du barreau de Paris, « Le goût amer des comparutions immédiates », *Gaz. pal.*, 10 oct. 2023, n° 32, p. 1. A. Christin, *Comparutions immédiates, enquête sur une pratique judiciaire*, Éd. La Découverte, 2008.

[5] É. Camous, « Les enjeux organisationnels d'une justice pénale efficiente », *Procédures*, 2021, ét. 9.

[6] « Les comparutions immédiates sont le symptôme d'une justice malade, celle qui veut juger vite mais qui juge mal, qui contribue à l'exclusion sociale et à la récidive, qui oublie la balance entre sécurité publique, intérêts des victimes et intérêts du prévenu » : B. David, « La procédure des comparutions immédiates ou la quasi-certitude d'être incarcéré », *AJ Pénal*, 2020, p. 386. L. Mucchielli, É. Raquet, « Les

longtemps sans que personne ne songe sérieusement à la faire disparaître[7]. Elle serait en ce sens une forme de mal nécessaire. Et d'ailleurs, à bien y regarder, les critiques adressées à la comparution immédiate ne sont pas liées à son existence même, mais à la manière dont elle est mise en œuvre, avec par ailleurs une nette distinction selon que la comparution immédiate a lieu à Paris ou dans d'autres juridictions. Elle est ainsi révélatrice des maux de l'institution judiciaire : les audiences rapides, tardives[8], l'absence de motivation des décisions, le délai réduit pour préparer la défense, sont autant de défauts qui semblent consubstantiels à cette procédure accélérée.

Les vices de la comparution immédiate, on le voit, résident davantage dans la manière dont elle est mise en œuvre plutôt que dans son existence même. Dès lors, ces vices résultant de la mise en œuvre concrète de la loi ont peu de chances de relever de l'office du Conseil constitutionnel, juge de la loi. Puisqu'il opère un contrôle dit abstrait, le Conseil constitutionnel n'est pas juge de la manière dont la loi est factuellement appliquée. Il faut ajouter que, jusqu'à la création de la QPC, les interventions du Conseil ont été assez résiduelles, ce qui s'explique par la remarquable stabilité de la procédure de comparution immédiate.

---

comparutions immédiates au TGI de Nice, ou la prison comme unique réponse à une délinquance de misère », *RSC*, 2014, p. 207.

[7] À l'exception de quelques avocats : L. Heinich, D. Tricaud, « Il faut supprimer les comparutions immédiates », *Le Monde*, 8 nov. 2016.

[8] A. Vaillant, « Audiences tardives : sommes-nous condamnés à juger en pleine nuit ? », 7 sept. 2023, https://www.actu-juridique.fr/id/AJU388089.

Cette procédure trouve en effet ses origines dans la procédure dite des flagrants délits, créée en 1863 dans le code d'instruction criminelle[9]. Ce n'est qu'en 1981, par la loi « Sécurité et libertés »[10], qu'elle a été modifiée pour être remplacée par ce que l'on a appelé la « saisine directe ». C'est n'est donc qu'à cette occasion que, pour la première fois, le Conseil constitutionnel a été amené à examiner la constitutionnalité d'une procédure de jugement accéléré des délits. Par la suite, la saisine directe a été remplacée par l'actuelle comparution immédiate en 1983[11], modifiée en 1986[12]. Les changements ultérieurs ont consisté à étendre le champ d'application de la procédure sans en bouleverser le principe.

Même si la jurisprudence du Conseil n'est pas quantitativement très importante, le contrôle de constitutionnalité n'est pas fort heureusement pas dépourvu d'intérêt. Il en ressort quelques exigences relatives à la procédure de comparution immédiate en elle-même et aux circonstances qui entourent le jugement en comparution immédiate. Constitutionnellement, la comparution immédiate a fait l'objet d'une reconnaissance

---

[9] L. du 20 mai 1863 sur l'instruction des flagrants délits devant les tribunaux correctionnels.

[10] L. n° 81-82 du 2 févr. 1981 renforçant la sécurité et protégeant la liberté des personnes.

[11] L. n° 83-466 du 10 juin 1983 portant abrogation ou révision de certaines dispositions de la loi n° 81-82 du 2 février 1981 et complétant certaines dispositions du code pénal et du code de procédure pénale.

[12] L. n° 86-1019 du 9 sept. 1986 relative à la lutte contre la criminalité et la délinquance.

mouvementée (I). Si le principe de cette procédure accélérée n'est plus aujourd'hui remis en cause, certaines de ses modalités restent malgré tout encore perfectibles (II).

I. – La reconnaissance mouvementée de la comparution immédiate

La procédure de comparution immédiate ne heurte pas les droits de la défense tels qu'ils sont constitutionnellement protégés (A). En revanche, elle a pu donner lieu à des hésitations au regard du principe d'égalité devant la justice (B).

A. – Les droits de la défense

Conscient de ce que l'accélération de la procédure inhérente à la comparution immédiate est susceptible d'entraîner des difficultés – le mot est faible – pour les droits de la personne poursuivie, le législateur a pris soin d'entourer cette procédure de garanties légales permettant de respecter les droits de la défense. La procédure d'audience est ainsi celle qui est applicable devant le tribunal correctionnel. De ce point de vue, la procédure de comparution immédiate entraîne seulement une saisine accélérée du tribunal, mais rien dans la loi n'indique que l'audience doit l'être également. Le déroulement de l'audience de comparution immédiate est ainsi identique à une audience « non accélérée ». On peut tout de même relever que la composition du tribunal correctionnel varie, puisqu'il siège toujours en formation collégiale. Il faut ajouter que le tribunal peut toujours légalement ordonner le renvoi et que le prévenu ne peut être jugé le jour même que s'il est d'accord et qu'il doit par ailleurs être assisté par un avocat. Il résulte de l'ensemble de ces garanties que les dispositions législatives relatives à la comparution immédiate ne méconnaissent pas les droits de la défense.

Ceci ressort des différentes décisions du Conseil constitutionnel. Ainsi, dans la décision n° 86-215 DC du 3 septembre 1986, le Conseil était saisi de l'extension de la comparution immédiate, créée par la loi de 1983 dont il n'avait pas été saisi. Cette loi avait étendu le recours à la procédure de comparution immédiate aux délits punis de deux ans à cinq ans d'emprisonnement, lorsqu'il apparaît au procureur de la République que les charges réunies étaient suffisantes, que l'affaire était en état et que les éléments de l'espèce justifiaient une comparution immédiate. La loi a également prévu que le tribunal pouvait se réunir au plus tard le deuxième jour ouvrable suivant et qu'il pouvait renvoyer l'affaire à une audience ultérieure devant intervenir entre deux et six semaines. Le Conseil a constaté *« cette modification est destinée à permettre au prévenu de préparer sa défense dans de meilleures conditions »*. Énumérant les différentes garanties prévues par la loi, il a jugé que les dispositions légales, *« conjuguées avec celles de la loi n° 83-466 du 10 juin 1983 qui demeurent en vigueur »*, satisfaisaient aux exigences constitutionnelles relatives aux droits de la défense. Les extensions du champ d'application de la comparution immédiate qui sont intervenues depuis n'ont jamais été soumise au Conseil.

On peut se demander toutefois si la jurisprudence de la Cour de cassation ne pourrait pas quant à elle être soumise à l'appréciation du Conseil dans le cadre d'une QPC. Le troisième alinéa de l'article 395 du code de procédure pénale prévoit que, dans le cadre de la procédure de comparution immédiate, le prévenu est retenu jusqu'à sa comparution *« qui doit avoir lieu le jour même »*. La Cour de cassation juge que *« l'exigence d'une comparution "le jour même" de la présentation de l'intéressé au parquet », « ne saurait être interprétée comme la nécessité de le juger impérativement avant minuit, mais comme celle de le faire comparaître au cours de l'audience considérée, quand bien même celle-ci se terminerait après minuit en raison de contraintes diverses »*[13]. Cette interprétation pourrait-elle être contestée sur le fondement d'une atteinte aux droits de la défense résultant d'une audience nocturne ? *« Drôle de "contrainte" que celle qui n'est pas extérieure et irrésistible à l'autorité judiciaire, dès lors que l'encombrement du rôle procède bien d'une politique d'action publique du parquet »*[14]. Une censure semble incertaine car, si les droits de la défense sont indéniablement atteints par le principe même d'une audience nocturne, cela n'est possible qu'avec l'accord du prévenu[15] et le tribunal correctionnel a toujours la possibilité d'ordonner le renvoi à une date ultérieure.

---

[13] Crim., 12 janv. 2021, n° 20-80.259 : *AJ Pénal*, 2021, p. 92, obs. T. Lebreton ; *Gaz. pal.*, 11 mai 2021, n° 18, obs. F. Fourment ; *Lexbase pénal*, janv. 2021, n° 34, obs. J.-B. Thierry ; *Procédures*, 2021, comm. 77, obs. J. Buisson.

[14] F. Fourment, obs. préc.

[15] À relativiser puisque son refus l'expose à être placé en détention provisoire.

Tout au plus pourrait-on songer à une réserve d'interprétation, précisant que les dispositions de l'article 395 du code de procédure pénale doivent s'entendre d'une comparution le jour même dans des conditions permettant au prévenu d'être jugé dans des conditions respectueuses des droits de la défense. Au reste, le principe des audiences nocturnes ne remet pas seulement en cause les droits de la défense, mais aussi la bonne administration de la justice voire la capacité à juger.

B. – L'égalité devant la justice

La question de l'égalité devant la justice est ce qui a pu faire hésiter le Conseil dans la reconnaissance de la procédure accélérée. Le principe d'égalité diffère de la protection de l'égalité devant la loi. Le principe d'égalité devant la loi suppose que la différence de traitement instaurée procède d'une différence de situation ou d'un motif d'intérêt général, d'une part, et qu'elle soit en adéquation avec l'objet de la loi, d'autre part. Le principe d'égalité devant la justice suppose quant à lui que les justiciables qui sont placés dans une situation identique soient jugés devant les mêmes formations de jugement ou selon des garanties de procédure égales. Le justiciable ne doit donc pas être privé par la loi d'une garantie qu'elle reconnaît à d'autres placés dans une situation identique.

Dans la décision des 19-20 janvier 1981 sur l'ancienne saisine directe[16], c'est bien le principe d'égalité devant la justice qui a « failli » sceller le sort de la comparution immédiate. Certes, dans cette décision, le Conseil avait considéré que le principe d'égalité devant la justice était respecté car, d'une part, l'objet de la loi était *« de permettre de saisir sans retard inutile la juridiction de jugement dans des affaires pour lesquelles une information n'est pas nécessaire ; que cet objet est conforme à la bonne marche de la justice et à la liberté des personnes susceptibles d'être provisoirement détenues »*. Le fait d'avoir confié ce pouvoir d'orienter la procédure au procureur n'était pas problématique car *« un recours non pertinent du procureur de la République à l'une des procédures de saisine directe aurait nécessairement pour conséquence, en raison de la présomption d'innocence dont bénéficie le prévenu, soit la relaxe de celui-ci, soit la décision de la juridiction de jugement de procéder à un supplément d'information »*. Le Conseil avait également relevé que *« l'affaire doit être jugée au fond par le tribunal dans les deux mois. A défaut de jugement dans ce délai, les mesures de détention provisoire ou de contrôle judiciaire cessent de plein droit de produire effet, et le prévenu détenu, s'il ne l'est pour une autre cause, est mis d'office en liberté »*. Enfin, le Conseil avait relevé que la procédure n'était pas applicable aux mineurs, ni en matière de délits de presse, de délits politiques ou d'infractions dont la procédure de poursuite est prévue par une loi spéciale, sans que l'on sache

[16] Décision n° 80-127 DC du 20 janvier 1981.

réellement si une telle possibilité serait en elle-même contraire à une exigence constitutionnelle[17].

Pour autant, le doyen Vedel, rapporteur du texte devant le Conseil, avait proposé une censure. Celle-ci n'était pas fondée sur l'absence de garanties, qu'il jugeait suffisantes, mais sur l'affaissement du rôle du juge d'instruction. En réalité, la conviction de la censure reposait sur la preuve. Il relevait ainsi : *« l'accusation sera faite de quoi ? De rapports de police. Le tribunal peut acquitter certes mais, bien souvent, il ordonnera un supplément d'information qu'il ne confier qu'à un de ses membres [...]. C'est une surcharge pour ce tribunal qui est confiée à un magistrat qui ne dispose pas de l'infrastructure d'un cabinet, greffier, etc. que possède le juge d'instruction. Cet inconvénient pratique important sera assez fréquent. [...] Cette procédure ne semble pas attenter aux droits de la défense mais elle ne semble pas non plus conforme au principe de l'égalité devant la justice. Quand le procureur aura fait un choix erroné, le prévenu sera privé, à ce moment crucial de la poursuite, des moyens pratiques de rassembler ses preuves »*[18]. Pour autant, lors de la discussion, il a été mis en avant que la crainte du doyen Vedel était mal dirigée : *« Cette question importante n'est pas une question de constitutionnalité. Dans l'état actuel, les règles posées ne paraissent pas, du fait de telles craintes, devoir porter*

---

[17] Pour les délits de presse, au jour de l'écriture de ces lignes, la question de l'application de la comparution immédiate aux infractions de presse commises sans directeur de publication est directement posée dans l'affaire n° 2024-1088 QPC.
[18] Compte-rendu de la séance du 19 janvier 1981.

atteinte à un principe de valeur constitutionnelle ». Le vote a finalement été partagé, puisque la loi n'a été validée sur ce point qu'à une voix.

En 1983, le Conseil n'a pas été saisi de la création de la comparution immédiate. En revanche, en 1986, saisi de l'extension de la comparution immédiate non plus aux seuls délits flagrants mais à tous les délits punis de deux à cinq ans, toutes les hésitations de 1981 ont disparu et le texte a été largement reconnu conforme à la Constitution comme ne procédant à aucune discrimination injustifiée et assurant des garanties égales aux justiciables, notamment quant au respect des droits de la défense. Et le doyen Vedel, toujours membre, avait tu toutes les craintes qu'il avait exposées en 1981. Signe que la crainte d'une mauvaise application en fait des règles de la comparution immédiate n'est pas une question de constitutionnalité.

II. La perfectibilité des circonstances du jugement en comparution immédiate

Les objections du doyen Vedel le montraient dès 1981 : le problème fondamental de la comparution immédiate n'est pas celui de l'existence même de la procédure, mais de la manière dont elle est concrètement mise en œuvre. Si cette question échappe largement à l'office du juge constitutionnel, il n'en demeure pas moins que le Conseil retrouve la possibilité d'exercer son contrôle lorsque c'est la loi elle-même qui crée une atteinte aux droits et libertés fondamentaux. Deux points retiennent ici l'attention : le renvoi de l'audience lorsque le jugement ne peut pas intervenir le jour même (A) et le déferement (B).

A. – Le renvoi de l'audience

L'article 397-1 du code de procédure pénale prévoit que *« Si le prévenu ne consent pas à être jugé séance tenante ou si l'affaire ne paraît pas en état d'être jugée, le tribunal, après avoir recueilli les observations des parties et de leur avocat, renvoie à une prochaine audience qui doit avoir lieu dans un délai qui ne peut être inférieur à deux semaines, sauf renonciation expresse du prévenu, ni supérieur à six semaines »*[19]. Le renvoi de l'audience a par ailleurs une conséquence simple : le prévenu va pouvoir être placé en détention provisoire. Deux aspects ont donné lieu à des décisions du Conseil constitutionnel.

Le premier concerne le regroupement d'affaires au cours d'une même audience. Dans sa décision n° 2019-778 DC sur la loi du 23 mars 2019, le Conseil a été saisi de l'article 393 du code de procédure pénale prévoyant que, lorsque le procureur de la République envisage de poursuivre une personne devant le tribunal correctionnel en la faisant comparaître immédiatement, il peut décider de fixer à la même audience, afin qu'elles puissent être jointes à la procédure ou examinées ensemble, de précédentes

[19] Le deuxième alinéa précise que *« Lorsque la peine encourue est supérieure à sept ans d'emprisonnement, le prévenu, informé de l'étendue de ses droits, peut demander que l'affaire soit renvoyée à une audience qui devra avoir lieu dans un délai qui ne peut être inférieur à deux mois, sans être supérieur à quatre mois »*.

poursuites pour lesquelles la personne a été renvoyée devant ce même tribunal. Le Conseil a jugé que ces dispositions étaient édictées dans l'intérêt d'une bonne administration de la justice, afin d'éviter la multiplication des audiences relatives à une même personne pour des poursuites différentes. Il a ensuite relevé que le prévenu pouvait demander le renvoi pour préparer sa défense sur chacune des affaires objets du regroupement. Il a toutefois formulé une réserve d'interprétation. Il a en effet constaté que le renvoi d'audience dans le cas d'une comparution immédiate, *« ce regroupement peut avoir pour effet de diminuer le temps restant à courir avant la date des audiences initialement prévues pour chacune des poursuites faisant l'objet de ce regroupement »*. Il résultait de la loi un effet secondaire, identifié par le Conseil : *« un prévenu susceptible d'accepter d'être jugé immédiatement pour l'infraction qui justifie initialement son renvoi en comparution immédiate pourrait être conduit, par l'effet du regroupement de plusieurs poursuites, à être placé en détention provisoire pour des motifs liés à l'affaire qui a donné lieu à la comparution immédiate, alors que son refus d'être jugé séance tenante tient à sa volonté de disposer de suffisamment de temps pour terminer de préparer sa défense sur les affaires pour lesquelles il avait été initialement renvoyé devant le tribunal correctionnel dans des délais plus longs et pour lesquelles, le cas échéant, il avait déjà pris des dispositions. Les dispositions contestées ne sauraient dès lors, sans méconnaître les droits de la défense, priver le tribunal correctionnel, dans ce cas, de la possibilité de renvoyer les seules affaires pour lesquelles le prévenu ne consent pas à être jugé séance tenante ou qui n'apparaissent pas au tribunal en l'état d'être jugées ».*

Le second concerne la notification du droit de se taire[20]. En effet, si le prévenu n'est pas jugé le jour même parce que la réunion du tribunal est impossible, il peut être présenté au juge des libertés et de la détention pour être placé en détention provisoire. Dans la décision n° 2020-886 QPC du 4 mars 2021[21], le Conseil constitutionnel a posé sa grille d'analyse en matière de notification du droit de se taire. Premier temps : l'office du juge des libertés et de la détention *« peut le conduire à porter une appréciation des faits retenus à titre de charges par le procureur de la République dans sa saisine »*. Ceci résulte en effet des motifs légaux de la détention provisoire, comme la nécessité de faire cesser l'infraction ou d'empêcher des pressions sur la victime ou les témoins par exemple. Deuxième temps : à l'occasion de l'audition devant le juge

---

[20] Dans un premier temps, la Cour de cassation a d'abord refusé de renvoyer une QPC relative à la notification du droit de se taire, en utilisant la CEDH comme un « écran » permettant de purger le vice d'inconstitutionnalité allégué : Crim., 14 mai 2019, n° 19-81.408 : F. Fourment, « Information sur le droit de se taire : l'article 6 de la Convention, écran au renvoi d'une QPC au Conseil constitutionnel », La Gazette du Palais, 3 septembre 2019, n° 20, p. 57. La transmission de QPC relatives au droit de se taire est intervenue après que, dans sa décision n° 2020-858/859 QPC du 2 oct. 2020, le Conseil ait précisé que *« le juge appelé à se prononcer sur le caractère sérieux d'une question prioritaire de constitutionnalité ne peut, pour réfuter ce caractère sérieux, se fonder sur l'interprétation de la disposition législative contestée qu'impose sa conformité aux engagements internationaux de la France ».*

[21] Décision n° 2020-886 QPC du 4 mars 2021 : *RSC*, 2021, p. 483, note A. Botton ; *RFDC*, 2021, n° 127, p. 201, obs. J.-B. Perrier.

des libertés et de la détention, *« lorsqu'il est invité [...] à présenter ses observations, le prévenu peut être amené à reconnaître les faits qui lui sont reprochés »*. Dans ce cadre, le Conseil a également considéré qu'une incertitude légitime pouvait naître dans l'esprit du prévenu sur l'effectivité de son droit de se taire. Le droit de ne pas parler est certes évident, mais si l'on n'a pas conscience de cette possibilité, il n'est pas dit qu'il soit effectif. En outre, comme l'a justement relevé le Conseil constitutionnel, *« le fait même que le juge des libertés et de la détention invite le prévenu à présenter ses observations peut être de nature à lui laisser croire qu'il ne dispose pas du droit de se taire »*. Troisième temps : ce qui se passe devant le JLD ne reste pas devant le JLD et les déclarations faites par le prévenu sont susceptibles d'être portées à la connaissance du tribunal correctionnel, de sorte que les déclarations auto-incriminantes pouvaient être réutilisées devant la formation de jugement. Il y a donc une forme de déloyauté à ne pas faire prendre conscience au prévenu de la portée potentielle de ses déclarations. C'est la raison pour laquelle le droit au silence doit être notifié. La solution et ses multiples déclinaisons[22] ont pu être critiquées[23] car la notification du droit au silence a pu être perçue comme « envahissante ». S'agissant de la comparution immédiate, il faut surtout y voir le signe de ce que l'urgence n'excuse pas tout.

B. – Le déférement

Préalable à la comparution immédiate à l'issue de la garde à vue, le déférement a également fait l'objet de quelques précisions.

La première est en lien avec le droit de se taire. Le Conseil constitutionnel a ainsi eu l'occasion de préciser les prérogatives du procureur de la République lors du déférement. Ainsi, dans la décision 2011-125 QPC du 6 mai 2011, il a jugé que, dans le cadre de la présentation au procureur dans le cadre de l'article 393 du code de procédure pénale, celui-ci ne peut pas interroger l'intéressé. Il a formulé une réserve en jugeant que cet article ne saurait, sans méconnaître les droits de la défense, autoriser le

---

[22] Il faut en effet ajouter les décisions n°s 2021-894 QPC du 9 avril 2021 (RRSE pour les mineurs), 2021-895/901/902/903 QPC du 9 avril 2021 (mis en examen devant la chambre de l'instruction), 2021-920 QPC du 18 juin 2021 (juridictions saisies d'une demande de mise en liberté ou de mainlevée du contrôle judiciaire), 2021-934 QPC du 30 septembre 2021 (JLD saisi d'un contrôle judiciaire ou d'une ARSE dans le cadre d'une convocation par procès-verbal), 2021-935 QPC du 30 septembre 2021 (JLD et détention provisoire pendant l'instruction), 2021-975 QPC du 25 février 2022 (examen réalisé par une personne désignée par le procureur de la République) et, pour la matière disciplinaire, 2023-1074 QPC du 8 décembre 2023.

[23] J. Hennebois, « Du droit au silence à l'encouragement à se taire », *AJ Pénal*, 2021, p. 407.

procureur à consigner les déclarations de celui-ci sur les faits qui font l'objet de la poursuite dans le procès-verbal mentionnant les formalités de la comparution. La loi est par la suite intervenue pour préciser que le procureur de la République avertit la personne de son droit de faire des déclarations, de répondre aux questions qui lui sont posées ou de se taire[24].

La deuxième est relative aux modalités de l'exercice des droits de la défense pendant le déferement. L'article 803-3 du code de procédure pénale prévoit en effet que la personne, lorsqu'elle est déférée au magistrat sur le fondement de l'article 802-2, peut comparaître le jour suivant et peut être retenue à cette fin dans des locaux de la juridiction spécialement aménagés, à la condition que cette comparution intervienne au plus tard dans un délai de vingt heures à compter de l'heure à laquelle la garde à vue ou la retenue a été levée. Dans ce cas, la personne doit avoir la possibilité de s'alimenter et, à sa demande, de faire prévenir par téléphone un proche, d'être examinée par un médecin et de s'entretenir, à tout moment, avec un avocat désigné par elle ou commis d'office à sa demande. L'avocat peut demander à consulter le dossier de la procédure. En cas de mise en œuvre de la procédure de comparution immédiate selon les modalités prévues par les articles 395 et suivants du code de procédure pénale, la personne est aussitôt placée

---

[24] L. n° 2014-535 du 27 mai 2014 portant transposition de la directive 2012/13/UE du Parlement européen et du Conseil, du 22 mai 2012, relative au droit à l'information dans le cadre des procédures pénales.

sous le contrôle de la juridiction qui dispose des mêmes pouvoirs.

Dans la suite de ses décisions relatives aux droits des majeurs protégés au cours d'une procédure pénale[25], le Conseil a récemment statué sur les droits d'un majeur protégé déféré devant un magistrat. Dans sa décision n° 2023-1076 QPC du 18 janvier 2024, il a jugé qu' *« en ne prévoyant pas, lorsque les éléments recueillis au cours de la procédure font apparaître que la personne déférée fait l'objet d'une mesure de protection juridique, que le magistrat compétent soit, en principe, tenu d'avertir son curateur ou son tuteur afin de lui permettre d'être assistée dans l'exercice de ses droits »*, les dispositions contestées de l'article 803-3 du code de procédure pénale méconnaissent les droits de la défense.

Enfin, la troisième précision est relative à la protection de la dignité de la personne humaine lors de cette privation de liberté – le « petit dépôt ». Le Conseil constitutionnel a déclaré conforme à la Constitution cette privation de liberté nécessaire à la présentation de la personne devant un magistrat à l'issue de sa garde à vue et, le cas échéant, le lendemain de celle-ci. Toutefois, il a précisé, d'une part, que *« la protection de la liberté individuelle par l'autorité judiciaire ne serait toutefois pas assurée si le magistrat*

---

[25] Décisions n°s 2018-730 QPC du 14 septembre 2018 (garde à vue), 2020-873 QPC du 15 janvier 2021 (perquisition), 2020-884 QPC du 12 février 2021 (application des peines), 2021-975 QPC du 25 février 2022 (information du tuteur ou du curateur de la possibilité de désigner un avocat).

devant lequel cette personne est appelée à comparaître n'était pas mis en mesure de porter une appréciation immédiate sur l'opportunité de cette rétention ». En conséquence, il a jugé que *« ce magistrat doit être informé sans délai de l'arrivée de la personne déférée dans les locaux de la juridiction ».* D'autre part, il a ajouté que *« la privation de liberté instituée par l'article 803-3 du code de procédure pénale, à l'issue d'une mesure de garde à vue prolongée par le procureur de la République, méconnaîtrait la protection constitutionnelle de la liberté individuelle si la personne retenue n'était pas effectivement présentée à un magistrat du siège avant l'expiration du délai de vingt heures prévu par cet article ».*

En définitive, si les critiques adressées à la comparution immédiate concernent non l'existence de cette procédure, constitutionnelle, mais la manière dont elle est appliquée, il est évident que les exigences constitutionnelles ne sont pas d'une grande utilité pour remédier aux maux de la comparution immédiate. En revanche, le cadre constitutionnel permet de contenir les vélléïtés du législateur qui confondrait vitesse de la comparution et précipitation dans la protection des droits des prévenus. S'il faut donc repenser le jugement des délits, ce n'est pas en terme constitutionnel, mais bien dans la manière dont, au quotidien, la comparution immédiate est appliquée. En cette matière comme en d'autres, les exigences constitutionnelles sont un cadre structurant, mais qui suppose d'être mis en application par les acteurs de la procédure.

Partie 2
Droit pénal des personnes

Les enfants mineurs des victimes de violences conjugales : du droit pénal au droit civil

Julie LEONHARD
MCF droit privé et sciences criminelles, HDR, Université de Lorraine
Institut François Gény (UR 7301)

Nul ne peut nier la prise de conscience actuelle, tant sociétale qu'étatique des violences intrafamiliales[1], principalement faites aux femmes et aux mineurs. Ces dernières années, les réformes législatives se succèdent à un rythme effréné dans le but d'améliorer la lutte contre ces faits infractionnels. Notamment impulsé par les lois du 28 décembre 2019[2] et du 30 juillet 2020[3], le recours à une dualité de mesures civiles et pénales de protection des

---

[1] V° I. Rome, « Les suites du Grenelle des violences conjugales », AJ Fam. 2020, p. 334.

[2] Loi n°2019-1480 du 28 décembre 2019 visant à agir contre les violences au sein de la famille.

[3] Loi n°2020-936 du 30 juillet 2020 visant à protéger les victimes de violences conjugales ; L. Mary, « Présentation de la loi n°2020-936 du 30 juillet 2020 visant à protéger les victimes de violences conjugales », AJ Fam. 2020, p. 384.

victimes[4] n'a de cesse de se renforcer[5] et aux côtés des mesures contraignantes que le juge civil peut prendre en cas de suspicion de violences conjugales, le juge pénal doit aujourd'hui prendre des mesures relatives à la vie familiale des poursuivis et des condamnés pour des faits de violences conjugales.

En présence d'un enfant mineur d'une victime de violences conjugales, ce mélange des genres disciplinaires n'a plus à être démontré mais sa mise en œuvre interroge quelque peu. Si le juge civil doit parvenir à vérifier l'existence d'un danger suffisant, le juge pénal lui rencontre également à de délicates questions, sources de tiraillements. Lorsque l'infraction de violences est commise dans un foyer conjugal dans lequel un mineur vit, au-delà des conséquences pénales que cet élément peut faire naître (I), le juge répressif est parfois contraint de s'interroger sur une notion pourtant purement civile, la titularité ou l'exercice de l'autorité parentale de l'auteur des faits (II).

[4] ° A -S Laguens, « Articulation des dispositifs de protection pénaux/civils avec un exercice conjoint de l'autorité parentale », AJ Fam. 2023, p. 24 ; J. Leonhard, « La dualité des mesures civiles et pénales dans la lutte contre les violences intrafamiliales : entre symphonie et dissonances », AJ Pen. 2024, p. 68 ; T. Sherer, « Nouvelle loi relative aux violences intrafamiliales : l'union du droit civil et du droit pénal », D. act. 28 mars 2024.

[5] Encore récemment avec la loi n° 2024-233 du 18 mars 2024 visant à mieux protéger et accompagner les enfants victimes et covictimes de violences intrafamiliales.

1) Le résultat pénal : l'aggravation de la peine encourue

Le législateur n'a pas choisi de créer une infraction spécifique pour réprimer les faits de violences conjugales mais il recourt aux circonstances aggravantes pour augmenter le *quantum* des peines principales encourues en cas de violences volontaires commises dans ce contexte particulier. La circonstance aggravante de violences commises par le conjoint ou le concubin existe depuis le code pénal de 1994. La loi du 4 avril 2006[6] y a ajouté les violences commises par le partenaire d'un pacte civil de solidarité (PACS) permettant ainsi de viser toutes les situations civiles rencontrées en société. La circonstance aggravante est prévue pour toutes les infractions de violences volontaires (punies plus ou moins sévèrement en fonction des conséquences subies par la victime)[7], mais aussi pour les infractions de harcèlement des articles 222-33-2 et suivants du code pénal et pour les infractions sexuelles des articles 222-22 et suivants du même code. La loi du 4 avril 2006 a également étendu la circonstance aggravante aux « ex » (l'ancien conjoint, l'ancien concubin, ou l'ancien partenaire de PACS)[8]. Cette circonstance aggravante spéciale de violences intrafamiliales commises par un partenaire de vie ou un ex partenaire de vie ne vise

---

[6] Loi n°2006-399 du 4 avril 2006 renforçant la prévention et la répression des violences au sein du couple ou commises contre les mineurs.

[7] C. pen., art. 222-7 et s. ; les appels téléphoniques malveillants sont également visés ici.

[8] Notons que pour le harcèlement au sein du couple de l'article 222-33-2-1 du code pénal le législateur prévoit que l'auteur peut aussi être un ex (alinéa 2) mais sans pour autant aggraver la peine encourue.

pas l'enfant mineur du parent victime des violences conjugales. Mais le législateur ne l'a pas oublié et, si une victime de violences conjugales a un enfant mineur, deux situations distinctes peuvent se rencontrer : soit l'enfant mineur n'est pas lui-même une victime d'infraction (A), soit il l'est lui aussi (B).

A. L'enfant mineur non victime de l'infraction

Lorsque seul le parent de l'enfant mineur subit des violences conjugales, la qualification des faits et la peine encourue pour l'auteur de l'infraction peuvent parfois être amenées à prendre en considération l'existence de ce mineur, puisque la loi du 3 août 2018[9] a créé une circonstance aggravante spéciale lorsque certains comportements infractionnels sont réalisés « *alors qu'un mineur assiste aux faits et que ceux-ci sont commis par le conjoint ou le concubin de la victime ou le partenaire lié à la victime par un pacte civil de solidarité ou, si la victime est mineure, par un ascendant légitime, naturel ou adoptif ou par toute autre personne ayant autorité sur le mineur victime* ». L'aggravation du seul fait de la présence du mineur[10] existe pour les infractions de violences, de harcèlement et les infractions sexuelles.

[9] Loi n°2018-703 du 3 août 2018 renforçant la lutte contre les violences sexuelles et sexistes.

[10] La circonstance aggravante tenant à la participation du mineur est, elle, prévue pour les violences volontaires depuis la loi n°2002-1138 du 9 septembre 2002 d'orientation et de programmation pour la justice.

Si le but poursuivi par le législateur s'avère louable, la qualité et l'imprécision du texte interpellent quelque peu : faut-il que le mineur soit simplement présent dans le lieu de vie (mais pas dans la pièce dans laquelle se déroulent les violences) pour que la circonstance aggravante s'applique ? La référence au verbe « assister » permet d'en douter. Il n'y aurait alors pas d'aggravation pour le mineur qui se trouve dans sa chambre et qui entend son père ou sa mère hurler sous les coups de son partenaire ou ex-partenaire de vie ? Faut-il que le mineur comprenne ce qu'il se passe (doit-on s'interroger sur son degré de compréhension et/ou ses facultés de discernement ?) ? La circonstance aggravante doit-elle être retenue pour un bébé qui, bien que présent dans la pièce, dort ou qui dans tous les cas pourrait difficilement comprendre ce qu'il entend du fait de son très jeune âge ? Les incertitudes demeurent nombreuses et le manque de rigueur dans la rédaction du texte pourrait *in fine* produire plus de difficultés que de réelles solutions. La nébulosité pourrait même créer une rupture d'égalité selon que l'auteur des violences commette les faits sur son partenaire ou ex-partenaire devant les enfants ou loin de leurs regards (en les envoyant dans leur chambre au préalable par exemple). Le Conseil constitutionnel n'ayant pas été saisi *a priori*, il est à craindre qu'une future question prioritaire de constitutionnalité ne le conduise à sanctionner la subjectivité du texte au nom du principe de légalité criminelle.

B. L'enfant mineur victime de l'infraction

Selon le rapport du Haut Conseil à l'égalité entre les femmes et les hommes sur la politique de lutte contre les violences conjugales de 2019-2021[11], dans 21,5 % des cas de violences intrafamiliales l'enfant mineur est lui-même aussi une victime des faits. Dans ces trop nombreuses situations, plusieurs circonstances aggravantes objectives peuvent trouver à s'appliquer. D'une part, il s'agit de la circonstance aggravante liée à l'âge dans la minorité, le seuil de 15 ans étant retenu pour les violences volontaires et les infractions sexuelles[12]. D'autre part, la circonstance aggravante des faits commis « *par un ascendant ou par toute autre personne ayant sur la victime une autorité de droit ou de fait* » (pour les infractions sexuelles) ou la circonstance aggravante de violences commises « *par le conjoint ou le concubin de la victime ou le partenaire lié à la victime par un pacte civil de solidarité* » (pour les infractions de violences) pourraient être appliquées aux faits infractionnels. Il paraît utile de remarquer d'abord que ces textes ne visent pas la notion d'ex. Si cela ne semble pas être gênant pour les infractions sexuelles (car un ascendant conserve son statut même lorsque les partenaires sont séparés), l'absence paraît plus surprenante pour les faits de

---

[11] HCE, Rapport « Deux ans d'engagement pour l'égalité entre les femmes et les hommes 2019-2021 », https://www.haut-conseil-egalite.gouv.fr/IMG/pdf/rapport_activite_2019_2021.pdf

[12] Notons que pour les infractions sexuelles, les infractions spécifiques de viol ou d'autre agression sexuelle sur mineur de 15 ans (C. pen., art. 222-23-1 et art. 222-29-2) ou de viol ou d'autre agression sexuelle incestueux(se) sur mineur pourraient trouver à s'appliquer (C. pen., art. 222-23-2 et art. 222-29-3).

violence. Notons ensuite que le législateur permet d'aggraver plus fortement les faits s'il y a cumul des deux circonstances aggravantes (c'est-à-dire si la victime a moins de 15 ans et que l'auteur est un ascendant légitime, naturel ou adoptif ou toute autre personne ayant autorité sur ledit mineur).

À cette répression susceptible d'être aggravée, s'ajoute, pour l'enfant mineur covictime des violences conjugales, le bénéfice des règles procédurales qui visent à protéger les mineurs victimes d'infractions aux différentes phases de la procédure pénale (notamment les règles dérogatoires sur la prescription, les règles spécifiques relatives au recueil de la parole de l'enfant mineur et à l'enregistrement de son audition, l'assistance par un avocat, la possible désignation d'un administrateur ad-hoc, etc.)[13].

2) La parenthèse civile : le retrait de l'autorité parentale ou de son exercice

Le recours au droit civil en matière de violences conjugales n'a plus à être démontré. Qu'il s'agisse de solliciter les compétences du juge aux affaires familiales[14] ou celles du

---

[13] V° P. Bonfils et L. Bourgeois-Itier, « Enfance délinquante », Répertoire de droit pénal et de procédure pénale, oct. 2018 (actualisation mars 2024).

[14] V° notamment l'ordonnance de protection des articles 515-9 et suivants du code civil et le bracelet anti-rapprochement de l'article 515-11-1 du même code.

juge des enfants[15] au titre de l'enfance en danger[16], le droit civil participe activement à la prévention des violences conjugales permettant la mise en œuvre de mesures contraignantes en cas de simple soupçon de violences conjugales. Il s'agit d'éviter que la situation ne perdure si les faits sont réels ou qu'ils ne s'aggravent. Aux côtés de ces répercussions sur la vie familiale mises en œuvre par un juge civil, la loi du 4 août 2014 pour l'égalité réelle entre les femmes et les hommes[17] a offert au juge pénal, pour certaines infractions[18], la possibilité de se prononcer sur le retrait total ou partiel de l'autorité parentale[19]. La loi du 28 décembre 2019 a ajouté la possibilité de ne retirer que l'exercice de l'autorité parentale. La loi du 18 mars 2024[20] franchit une nouvelle étape en obligeant le juge pénal dans certains cas à prononcer le retrait de principe de la titularité de l'autorité parentale d'un condamné ou son exercice (A). Des dérogations au caractère automatique de ces mesures

---

[15] V° les mesures d'assistance éducative des articles 375 et suivants du code civil.

[16] **L'article 1182 du Code de Procédure Civile prévoit que le juge des enfants fixe une audience et apprécie les critères du danger au sens de l'article 375 du Code Civil.**

[17] Loi n°2014-873 du 4 août 2014 pour l'égalité réelle entre les femmes et les hommes.

[18] C. pen., art. 221-5-5 (meurtres et assassinat) ; art. 222-48-2 (atteintes à l'intégrité physique ou psychiques – Section 1 « des atteintes volontaires à l'intégrité de la personne – 222-1 à -18 », section 3 « Du viol, de l'inceste et des autres agressions sexuelles – 222-22 à 222-33-1 », section 5 « Du harcèlement moral – 222-33-2 à 222-33-2-3 », 222-31-2 viols incestueux).

[19] V° A-S. Laguens, « Articulation des dispositifs de protection pénaux/civils avec un exercice conjoint de l'autorité parentale », AJ Fam. 2023, p. 24.

[20] Cf. *supra*.

ont toutefois été prévues sans que le législateur ne guide précisément le juge pénal sur les raisons de renoncer à ces retraits (B).

A. Le retrait de principe de l'autorité parentale ou de son exercice

La loi du 18 mars 2024 propose plusieurs mesures dont deux s'imposent par principe au juge pénal. La première consiste en l'obligation de suspendre l'exercice de l'autorité parentale et les droits de visite et d'hébergement du parent poursuivi par le ministère public ou mis en examen par le juge d'instruction pour un crime commis sur l'autre parent et pour un crime ou une agression sexuelle incestueuse commis sur son enfant[21]. Prévue depuis la loi du 28 décembre 2019, elle était jusqu'alors limitée aux seuls crimes et limitée à une durée maximum de 6 mois. Le législateur l'étend dorénavant aux agressions sexuelles incestueuses commis sur un enfant et prévoit que la suspension prend désormais fin avec l'instance (soit bien souvent au-delà de 6 mois). Le second cas de suspension (en cas de poursuites ou de mise en examen pour des faits de violences volontaires commises sur l'autre parent « *lorsque l'enfant a assisté aux faits* »), suggéré initialement, a été abrogé par le Sénat.

La seconde mesure[22] consiste en l'obligation de principe pour le juge pénal de prononcer le retrait total de l'autorité

---

[21] C. civ., art. 378-2.

[22] Prévue par l'article 378 du code civil et par l'article 228-1 du code pénal.

parentale en cas de condamnation d'un parent comme auteur, coauteur ou complice d'un crime ou d'une agression sexuelle incestueuse commis sur son enfant ou d'un crime commis sur l'autre parent Le texte exige également du juge pénal qu'il prononce le retrait total ou partiel de l'autorité parentale ou le retrait de son exercice en cas de condamnation d'un parent comme auteur, coauteur ou complice d'un délit autre qu'une agression sexuelle incestueuse commis sur son enfant.

À ces deux mesures impératives, s'ajoute toujours une simple faculté pour le juge pénal d'ordonner le retrait total ou partiel de l'autorité parentale ou le retrait de l'exercice de cette autorité en cas de condamnation d'un parent comme auteur, coauteur ou complice d'un délit commis sur la personne de l'autre parent ou comme coauteur ou complice d'un crime ou d'un délit commis par son enfant[23].

B. Des mesures automatiques restreintes

Devant la nature juridique incertaine de ces mesures contraignantes (cacheraient-elles, au nom de la prévention, des peines accessoires que le Conseil constitutionnel pourrait abroger demain ?), le législateur a choisi de limiter doublement leur application : elles ne sont ni définitives ni absolues. D'une part, elles peuvent n'être que temporaires, puisque l'article 381 du code civil prévoit que le parent concerné puisse retrouver tout ou partie des droits dont il a été privé. En cas de décision de retrait total ou partiel de

[23] C. civ., art. 378.

l'autorité parentale, le parent peut obtenir cette restitution du tribunal judiciaire au plus tôt 1 an après que le jugement lui ayant retiré ses droits et devoirs soit devenu définitif. Il doit justifier de circonstances nouvelles et il ne faut pas que l'enfant ait été placé en vue de l'adoption avant le dépôt de la demande. En cas de refus, une nouvelle demande peut être tentée après une nouvelle période d'1 an. Si la restitution est accordée, le ministère public peut requérir, le cas échéant, des mesures d'assistance éducative. Cette procédure existait déjà avant la réforme, mais aujourd'hui la demande de restitution en cas de retrait de l'exercice de l'autorité parentale peut être exercée par le parent concerné 6 mois seulement après que le jugement ne soit devenu irrévocable.

D'autre part, le législateur permet dans tous les cas au juge pénal de choisir d'écarter par une décision spécialement motivée le prononcé des mesures. Dans le cadre du retrait automatique de l'autorité parentale en cas de crime ou d'agression sexuelle prévu par l'alinéa 1 de l'article 378 du code civil, le juge pénal doit alors se déterminer sur le seul retrait partiel de l'autorité parentale ou sur le retrait de son exercice avant de pouvoir décider de ne rien faire (en motivant à nouveau son choix). Il conserve dans tous les cas une liberté de jugement. Mais il doit dorénavant se justifier, là où l'ancien système jusqu'alors prévu lui permettait de garder le silence (puisqu'il bénéficiait d'une simple faculté de retrait qu'il était libre de ne pas user). La décision s'avère, dans tous les cas, relativement complexe, notamment du fait de la disparité des intérêts en cause : celui de la victime de l'infraction, celui de l'enfant, ou encore celui du condamné. Si, puisque la décision sur l'autorité parentale est à visée préventive, les intérêts de la victime devraient primer, le juge pénal pourrait être influencé par les conséquences d'un retrait pour l'auteur des faits (le maintien des liens familiaux constituant un gage de réinsertion certain) ; le choix de la meilleure sanction individualisée pour l'auteur des faits constitue après tout l'une des missions premières d'un juge répressif. A ces premières considérations, l'intérêt supérieur de l'enfant[24] peut venir, selon les cas, éclairer le juge dans le choix à opérer (surtout si l'enfant est lui-même une victime de l'infraction) ou complexifier davantage encore sa décision finale.

CONCLUSION. Les enfants mineurs de victimes de violences conjugales ne laissent pas indifférents le législateur, naturellement enclin à leur assurer une protection optimale et à réprimer plus fortement les auteurs des faits du seul fait de leur existence. L'empressement à atteindre ce double objectif ne devrait toutefois pas l'inciter à des textes trop imprécis au risque de limiter les résultats escomptés, voire de les annihiler complètement. Aussi et sans surprises, des correctifs législatifs sont aujourd'hui espérés, tant pour la rédaction des circonstances aggravantes applicables à l'enfant mineur concerné (à un titre ou à un autre) par des faits de violences conjugales que pour les mesures relatives à l'autorité parentale.

---

[24] C. justice pen. des mineurs, art. préliminaire.

L'incrimination du contrôle coercitif : un remède aux faibles vertus

Catherine MÉNABÉ
Maître de conférences HDR en droit privé et sciences criminelles, Université de Lorraine, Institut François Gény (UR 7301)

Cet ouvrage, comme la journée qui l'a précédé, est consacré au jugement des délits. Lorsqu'on cherche à repenser le jugement du contentieux numériquement le plus important, il ne peut être fait l'économie de développements sur le contentieux croissant et stigmatisé que sont les violences intrafamiliales et, plus spécialement, les violences conjugales. Afin de repenser le jugement des violences au sein du couple, notre analyse portera en réalité sur le préalable à tout jugement pénal : le texte d'incrimination. En effet, un mouvement sociétal consistant à remettre en cause le droit pénal face aux éventuelles insuffisances judiciaires semble s'être développé[1]. Ainsi, nous allons nous demander si la réponse pénale apportée aux violences conjugales ne présente pas une faille préalable au jugement

[1] J.-B. Thierry, « Le droit pénal est-il soluble dans la délinquance ? », 22 août 2010, <sinelege.hypotheses.org> ; B. Cotte, « L'influence de l'émotion et de l'opinion dans la loi pénale », *in* F. d'Orcival (dir.), *Opinion publique et crise de la démocratie*, Presses Universitaires de France, 2019, p. 369-395 ; P. Bonfils et E. Gallardo, « Concours d'infractions – Concours de qualifications », *Rép. pén.*, janv. 2015.

qui relèverait des incriminations du code pénal. La question n'est d'ailleurs pas nouvelle, l'insertion d'une incrimination de féminicide a déjà pu être envisagée. Cette proposition n'avait toutefois pas trouvé un grand écho dans la communauté universitaire qui y voyait au-delà d'un nouvel empilement législatif, une inutilité répressive à risque d'égarements jurisprudentiels quant aux éléments constitutifs, et la réintégration d'un texte genré dans notre code[2]. Il faut dire que la doctrine a une petite réserve de principe quand il s'agit de compléter les « lacunes » du Code pénal, qui plus est en créant une nouvelle incrimination, sans toujours établir la réalité d'un manque[3]. En tentant de ne pas préjuger du caractère surabondant d'un nouveau texte dans un contentieux aux déjà multiples incriminations[4], cette contribution cherchera à apprécier l'intérêt de l'incrimination *sui generis* du contrôle coercitif

---

[2] F.-L. Coste, « "Féminicide" ou le code pénal et la tour de Babel », *AJ Pén.*, 2020, p. 289 ; P. Conte, « Féminicide : le poids des mots – et des chiffres », Droit pénal n° 1, janv. 2020, repère 1 ; C. Jégousse et A. Darsonville, « Pourquoi le féminicide ne figure pas dans le code PÉNAL », <lessurligneurs.eu> ; V. pour une position plus nuancée argumentant en faveur de l'insertion du terme de féminicide dans le code pénal mais en en redéfinissant les contours de manière : C. Hardouin-Le Goff, « Faut-il inscrire le « féminicide » dans le Code pénal ? », 14 sept. 2023, <leclubdesjuristes.com>.

[3] C. Lazerges, « De la fonction déclarative de la loi pénale », *RSC*, 2004, p. 194 ; V. Malabat, « Les infractions inutiles », *in* V. Malabat, B. De Lamy et M. Giacopelli, *La réforme du Code pénal et du Code de procédure pénale. Opinio doctorum*, Dalloz, 2009, p. 71 et s. ; B. Cotte, « L'influence de l'émotion et de l'opinion dans la loi pénale », préc.

[4] T. Lebronton, « Droit pénal du couple », *Gaz. Pal.*, n° 18, 14 mai 2019, p. 11 ; C. Ménabé, « Les violences faites aux femmes », *Lexbase*, n° 685, 26 janv. 2017 ; V. la bibliographie « Violences conjugales et intrafamiliales » de Y. Mayaud in « Violences volontaires », *Rép. pén.*, févr. 2023.

face à la réalité de la difficile et complexe répression des violences conjugales[5]. Pour ce faire, il s'agira d'abord de revenir sur la genèse de la recommandation d'un nouveau texte en réponse à des besoins répressifs (I) pour, ensuite, apprécier l'aptitude d'une telle incrimination à répondre à ces enjeux (II).

I. La recherche du renforcement de la répression des violences conjugales par l'incrimination du contrôle coercitif

La lutte contre les violences conjugales, qui a bien trop longtemps été ignorée, est désormais un problème de santé publique consacré comme Grande cause nationale en 2010 et qui s'est concrétisée par l'intervention du législateur à une intensité de plus en plus notable : loi du 4 avril 2006 renforçant la prévention et la répression des violences au sein du couple ou commises contre les mineurs ; loi du 9 juillet 2010 relative aux violences faites spécifiquement aux femmes, aux violences au sein des couples et aux incidences de ces dernières sur les enfants ; loi du 4 août 2014 pour l'égalité réelle entre les femmes et les hommes ; loi du 28 décembre 2019 visant à agir contre les violences au sein de la famille ; loi du 30 juillet 2020 visant à protéger

---

[5] I. Rome, « Violences conjugales : état des lieux et perspectives : vers un modèle français ? », *AJ Fam.*, 2023, p. 14 ; J. Leonhard, « La dualité des mesures civiles et pénales dans la lutte contre les violences intrafamiliales : entre symphonie et dissonances », *AJ Pén.*, 2024, p. 68 ; Y. Muller-Lagarde, « De l'emprise dans les violences conjugales », *D.*, 2023, p. 1484 ; P. Januel, « Violences intrafamiliales : de nouvelles mesures pour aller plus loin. Rapport sur le traitement judiciaire des violences intrafamiliales », *Dalloz actu.*, 22 mai 2023.

les victimes de violences conjugales ; loi du 28 février 2023 créant une aide universelle d'urgence pour les victimes de violences conjugales. L'arsenal juridique, tant répressif que préventif, n'a cessé de se renforcer[6]. Peuvent notamment être évoqués sans pouvoir prétendre à l'exhaustivité :

- sur le plan pénal : l'aggravation des violences commises par le conjoint, le partenaire ou le concubin ou l'ex, la répression du délit de harcèlement conjugal, la levée de l'immunité pour le vol de documents d'identité ou de moyens de paiement, la justification de la violation du secret professionnel, la création du délit de revenge porn, l'expérimentation du contrôle judiciaire avec placement probatoire, le renforcement des peines (stage de sensibilisation aux violences conjugales, bracelet anti-rapprochement) ;

- et sur le plan civil : la procédure d'ordonnance de protection (ODP) et le raccourcissement de ses délais, la généralisation du téléphone grave danger (TGD), la faculté de prononcer des mesures de sûreté avant jugement (bracelet anti-rapprochement

---

[6] J. Leonhard, « La dualité des mesures civiles et pénales dans la lutte contre les violences intrafamiliales : entre symphonie et dissonances », préc. ; J.-B. Perrier, et F. Rousseau, « Renforcement de la lutte contre les violences familiales (Loi n° 2019-1480 du 28 décembre 2019 visant à agir contre les violences au sein de la famille) », *RSC*, 2020, p. 426 ; L. Mary, « Présentation de la loi n° 2020-936 du 30 juillet 2020 visant à protéger les victimes de violences conjugales », *AJ Fam.*, 2020, p. 384 ; A. Wehbé, « La pénalisation du contrôle coercitif, outil indispensable de lutte contre les violences familiales », *Gaz. Pal.*, n° 24, 18 juill. 2023, p. 37-40.

[BAR], éviction du conjoint violent, interdiction de paraître ou de contact…), la mise en place d'une aide universelle d'urgence.

Ce succinct listing suffit à illustrer que les violences conjugales sont une véritable préoccupation des pouvoirs publics qui continuent de chercher une meilleure efficacité de la réponse judiciaire tant sous l'angle de la répression des auteurs que sous l'angle de la protection des victimes.

Pourtant, les données statistiques montrent une grande persistance de ces violences[7]. Le nombre de personnes mises en cause dans des affaires de violences conjugales a augmenté de 73 % entre 2017 et 2021, avec une augmentation plus marquée encore depuis 2019 (+ 49 %)[8]. Le nombre de condamnations pour des violences conjugales de nature correctionnelle a doublé entre 2018 et 2021[9]. Le nombre de victimes enregistrées a augmenté de 36 % entre 2019 et 2021[10]. Ces chiffres ont parfois pu être

---

[7] Ministère de l'Intérieur, « Les violences conjugales enregistrées par les services de sécurité en 2022 », SSMSI, Communiqué de presse, 16 nov. 2023 ; MIPROF, « Les violences au sein du couple et les violences sexuelles en France en 2021 », La lettre de l'Observatoire national des violences faites aux femmes, n° 18, nov. 2022.

[8] É. Chandler et D. Vérien, « Plan Rouge Vif – Améliorer le traitement judiciaire des violences intrafamiliales », Rapport parlementaire, 2022, p. 83.

[9] L. Mary, « Pour l'amélioration du traitement judiciaire des violences conjugales », *AJ Fam.*, 2023, p. 300.

[10] É. Chandler et D. Vérien, « Plan Rouge Vif – Améliorer le traitement judiciaire des violences intrafamiliales », préc., p. 9 (le nombre de victimes enregistrées entre 2021 et 2022 aurait encore augmenté de 17 % : S. Lellouch, « Violences intrafamiliales : quand l'urgence passe au « rouge vif » », *Gaz. Pal.*, 2023, n° 24, p. 34).

analysés comme démontrant l'« urgence » en matière de violences intrafamiliales de légiférer à nouveau[11]. Toutefois, il faut se méfier des interprétations statistiques hâtives car la hausse des dénonciations, des poursuites et des condamnations – dont il faut se féliciter – n'équivaut pas à une hausse de la criminalité dite réelle[12]. Une telle hausse peut aussi être analysée comme un impact positif des évolutions juridiques et judiciaires en matière de violences conjugales, même s'il faut bien convenir au vu de l'absence de recul du nombre d'homicides conjugaux[13], que le mouvement de renforcement de la réponse sociale à ces violences n'est pas encore abouti[14].

---

[11] S. Lellouch, « Violences intrafamiliales : quand l'urgence passe au « rouge vif » », préc. ; A. Wehbé, « La pénalisation du contrôle coercitif, outil indispensable de lutte contre les violences familiales », préc.

[12] La criminalité réelle est « l'ensemble des infractions effectivement commises qu'elles aient été révélées ou non ». La criminalité réelle englobe donc le chiffre noir, c'est-à-dire « l'écart entre les faits constatés et les faits criminels effectivement accomplis ». L'augmentation de la criminalité apparente (« ensemble des faits dénoncés ou constatés par la police et la gendarmerie ») n'implique donc pas nécessairement une hausse de la criminalité réelle mais peut révéler une augmentation de l'action des services dans un contentieux et donc la diminution du chiffre noir de la criminalité (sur ces notions : C. Ménabé, « Criminologie », *Rép. pén.*, Dalloz, oct. 2019).

[13] É. Chandler et D. Vérien, « Plan Rouge Vif – Améliorer le traitement judiciaire des violences intrafamiliales », préc., p. 9 (V. également : MIPROF, « Les violences au sein du couple et les violences sexuelles en France en 2021 », préc.).

[14] V. *infra* sur l'importance de développer une politique « à long terme » de sensibilisation, d'éducation, d'égalité et de respect (ce que relève d'ailleurs le « Plan Rouge Vif » qui fait figurer dans ces deux premières recommandations : « organiser des campagnes d'information en direction de tous les publics, sur des supports intergénérationnels » et « faire respecter les enseignements obligatoires relatifs au respect de chacun, à l'interdit de la violence et de la discrimination »).

Face à ce constat, il a pu être dressé un état des lieux afin de faire ressortir des failles de la lutte contre ces violences. A ainsi été remis le 22 mai 2023 au garde des Sceaux, le rapport parlementaire « Plan rouge vif – Améliorer le traitement judiciaire des violences conjugales », lequel dresse un bilan en demi-teinte des mesures issues du Grenelles des violences conjugales qui n'ont pas « à ce jour eu un impact significatif sur l'ampleur du phénomène »[15]. L'état des lieux fait notamment apparaître des dysfonctionnements techniques du BAR, un sentiment de « peine partagée » des victimes pour lesquelles le BAR suppose aussi le port d'un dispositif ou la persistance de failles dans la procédure de l'ODP. De manière générale, ont par ailleurs pu être relevées des difficultés – en matière de répression et de prévention – résultant du positionnement de victimes sous emprise et d'une certaine insuffisance normative pour réprimer de manière anticipée, dès l'apparition de signaux faibles[16]. À l'issue de cet état des lieux de l'ensemble des dispositifs en vigueur tout au long de la chaîne pénale, le rapport livre une série de 59 recommandations et incite, à titre de piste de travail, à « une réflexion plus poussée sur ce qui définit les violences

[15] É. Chandler et D. Vérien, « Plan Rouge Vif – Améliorer le traitement judiciaire des violences intrafamiliales », préc., p. 9.

[16] M. Chollet, « Comment mieux lutter contre les féminicides ? Libres propos sur le contrôle coercitif », Dalloz actualité, 4 oct. 2023 ; C. Hardouin-Le Goff, « Faut-il inscrire le « féminicide » dans le Code pénal ? », préc.

conjugales du côté de l'auteur, que sa traduction soit une infraction ou un outil d'évaluation »[17].

La reconnaissance de la particularité du contrôle coercitif qui se met en place dans le cadre des violences conjugales s'inscrit dans la continuité de la jurisprudence de la Cour européenne et des évolutions normatives connues par d'autres pays. En effet, dans son arrêt pilote Tunikova et a. c/ Russie en date du 14 décembre 2021[18], la Cour, après avoir jugé le cadre légal russe insuffisant pour apporter une réponse satisfaisante aux violences conjugales, a appelé les autorités de cet État à « *introduire une définition légale de la violence domestique qui soit suffisamment complète pour couvrir les actes de violence sous diverses formes, y compris la violence physique, sexuelle, psychologique ou économique, les manifestations de contrôle et de coercition, la traque et le harcèlement, qu'ils aient lieu physiquement ou dans le cyberespace* ». La Cour s'est appropriée la notion de contrôle coercitif connue de certains systèmes normatifs de pays de Common law qui en ont fait le

[17] É. Chandler et D. Vérien, « Plan Rouge Vif – Améliorer le traitement judiciaire des violences intrafamiliales », préc., p. 114 ; On notera que le Plan Rouge Vif n'a donc pas recommandé l'insertion d'une incrimination de contrôle coercitif dans le code pénal mais a simplement proposé de réfléchir à l'intérêt de définir les violences conjugales par référence au contrôle coercitif. En outre, cette piste de travail envisage tout autant que le contrôle coercitif intègre notre droit, voire seulement nos pratiques, en tant qu'outil d'évaluation.
[18] CEDH, 14 déc. 2021, n° 55974/16, Tunikova et a. c/ Russie, AJDA 2022. 207, chron. L. Burgorgue-Larsen.

fondement de leur texte d'incrimination des violences conjugales[19].

Le concept de contrôle coercitif a été dégagé par le sociologue Evan Stark[20] dont les travaux portaient à l'origine sur le comportement de victimes de prises d'otage, de régimes totalitaires ou encore de prisonniers de guerre qui en venaient à collaborer sans avoir subi de violences[21]. Carol Hardouin-Le Goff résume la pensée d'Evan Stark, en définissant la coercition comme « le recours à la force ou aux menaces » et le contrôle comme « les formes structurelles de privation qui contraignent indirectement à l'obéissance en monopolisant ressources vitales, dictent les choix préférés, micro-régulent le comportement de la[/le] partenaire du conjoint, limitent ses options et la[/le] privent des soutiens nécessaires pour exercer un jugement

[19] C. Hardouin-Le Goff, « Faut-il inscrire le « féminicide » dans le Code pénal ? », préc. : « *en 2015, l'Angleterre et le pays de Galles ont adopté le Serious Crimes Act qui incrimine des comportements de contrôle ou de coercition dans une relation intime ou familiale et fait encourir une peine pouvant aller, selon la procédure suivie, jusqu'à cinq ans d'emprisonnement. En 2018, l'Écosse a voté le Domestic Abuse Act qui incrimine le fait de rendre un conjoint dépendant ou subordonné, de l'isoler de ses amis ou de parents, de contrôler, réglementer ou surveiller ses activités quotidiennes, de le priver ou restreindre sa liberté d'action, de l'effrayer, de l'humilier, de le punir. (...) L'Irlande connaît aussi une telle législation, de même que l'état de Tasmanie en Australie suite au Family Violence Act de 2004* » ; V. également : Y. Muller-Lagarde et A. Gruev-Vintila, « Violences au sein du couple : pour une consécration pénale du contrôle coercitif », *AJ pén.*, 2022, p. 251.

[20] E. Stark, *Coercive Control: How Men Entrap Women in Personal Life*, Oxford University Press, 1è éd., 2007.

[21] C. Hardouin-Le Goff, « Faut-il inscrire le « féminicide » dans le Code pénal ? », préc.

indépendant »[22]. La notion de contrôle coercitif permet ainsi d'étendre les violences domestiques à toutes les formes de violation des droits et libertés fondamentaux du conjoint[23]. Le contrôle coercitif consisterait dans « le recours à différentes tactiques physiques ou non physiques (…) dans le cadre de relations entre partenaires intimes (…) afin que la victime obéisse à son agresseur, éliminant ultimement son sentiment de liberté dans la relation »[24]. Le contrôle coercitif implique la mise en œuvre d'une stratégie continue pouvant inclure « l'isolement, la manipulation, le dénigrement, les critiques, une surveillance constante et une microgestion de la vie quotidienne »[25]. Carol Haroudin-LeGoff met en exergue trois modes d'action caractéristiques de la mécanique d'instauration d'un contrôle coercitif : « la privation des droits et des ressources financières de la victime, la micro-régulation de son quotidien (assortie de remarques sur son apparence et sur ses fréquentations) et la violence verbale »[26]. Bien que les définitions varient, il a pu être proposé de définir le contrôle coercitif comme « *un acte ou un ensemble d'agressions, de*

---

[22] *Ibid.*

[23] Y. Muller-Lagarde et A. Gruev-Vintila, « Violences au sein du couple : pour une consécration pénale du contrôle coercitif », préc.

[24] C. Gill et M. Aspinall, « Comprendre le contrôle coercitif dans le contexte de la violence entre partenaires intimes au Canada : Comment traiter la question par l'entremise du système de justice pénale ? », Rapport de recherche présenté au Bureau de l'ombudsman fédéral des victimes d'actes criminels Ministère de la Justice du Canada, 20 avril 2020, p. 6-7.

[25] A. Wehbé, « La pénalisation du contrôle coercitif, outil indispensable de lutte contre les violences familiales », préc.

[26] C. Hardouin-Le Goff, « Faut-il inscrire le « féminicide » dans le Code pénal ? », préc.

menaces, d'humiliations et d'intimidations ou d'autres abus utilisés pour blesser, punir ou effrayer la victime »[27]. À travers cette définition, on perçoit que l'intérêt d'incriminer le contrôle coercitif serait d'appréhender au plus tôt le processus de mise sous emprise de la victime, donc de permettre la répression des signaux faibles prédictifs de violences conjugales. Si l'on comprend les motivations qui peuvent inciter à l'entrée du contrôle coercitif dans le code pénal, il reste nécessaire de s'interroger sur l'efficacité de cet éventuel nouvel outil de lutte contre les violences conjugales.

II. Une incrimination anticipée du processus d'entrée dans les violences conjugales à l'efficacité limitée

Une intention louable de légiférer n'équivalant pas nécessairement à une véritable amélioration du traitement judiciaire d'un contentieux, il est nécessaire de s'interroger sur la plus-value que pourrait avoir l'incrimination du contrôle coercitif tout autant que sur les éventuelles difficultés qu'un nouveau texte pourrait faire surgir. Autrement dit, la création d'une incrimination de contrôle coercitif permettrait-elle une meilleure répression des violences conjugales ? Plusieurs éléments nous permettent d'en douter.

Indépendamment du contenu du texte, plusieurs commentateurs évoquent l'importance de faire entrer le

---

[27] Euractiv.fr, « Violences faites aux femmes : les manquements de l'UE face à l'absence de données et de définitions », 8 mars 2023, par A. Taylor (traduction : A. Riffaud).

contrôle coercitif dans le code pénal pour d'une part mieux faire comprendre les particularismes des violences conjugales, et pour d'autre part placer le curseur sur le comportement de l'auteur plutôt que sur le phénomène d'emprise subi par la victime[28]. Toutefois, on peut douter que le code pénal ait une vocation purement « pédagogique » indépendamment de tout objectif répressif. Il est essentiel que notre code pénal incrimine la violence domestique sous toutes ses formes comme en appelle de ses vœux la Cour européenne mais il n'est pas nécessaire pour y parvenir d'incriminer spécialement en nommant explicitement[29]. La seule question pertinente relève de l'existence ou non d'un vide juridique[30], c'est-à-dire du constat d'un manque d'une qualification pénale pour poursuivre des actes portant atteinte à des valeurs sociales fondamentales et estimés répréhensibles[31]. Ce n'est

---

[28] A. Wehbé, « La pénalisation du contrôle coercitif, outil indispensable de lutte contre les violences familiales », préc. ; Y. Muller-Lagarde et A. Gruev-Vintila, « Violences au sein du couple : pour une consécration pénale du contrôle coercitif », préc.

[29] Selon la formule de Simone de Beauvoir « *Nommer, c'est dévoiler, et dévoiler, c'est agir* », mais l'insertion de nouveaux textes d'incrimination pour « dévoiler » divise les commentateurs : *Cf.* féminicide, not. : LeMonde.fr, « Que changerait l'inscription du féminicide dans le code pénal ? », par D. Jullien, 25 nov. 2023 ; P. Conte, « Féminicide : le poids des mots – et des chiffres », Droit pénal, n° 1, janv. 2020, Repère 1 ; P. Januel, « Faut-il inscrire le concept de féminicide dans le droit pénal ? (Rapport) », Dalloz actualité, 20 févr. 2020.

[30] *Cf. infra.*

[31] Il s'agit alors d'« infraction utiles », par opposition – selon la formule de Valérie Malabat – aux « infractions inutiles » (l'auteur oppose les « infractions-doublons » qui sont strictement inutiles aux « infractions symboliques » qui sont rationnellement superflues) : V. Malabat, « Les infractions inutiles », *in La réforme du Code pénal et du Code de*

pas véritablement le rôle du Code pénal que de mettre en exergue les particularismes du phénomène des violences conjugales quand bien même il est effectivement important de renforcer tant la formation à l'égard des professionnels que la sensibilisation du public, ce que préconise d'ailleurs le Plan Rouge vif[32]. S'il peut en outre paraître pertinent de porter le regard sur le comportement de l'auteur exerçant un contrôle coercitif plutôt que sur la victime subissant l'emprise que ce contrôle a créé, il ne semble à nouveau pas que ce soit le rôle du Code pénal. La notion d'emprise n'a d'ailleurs pas été intégrée dans un texte d'incrimination mais pour faire référence à l'état d'une patiente afin de justifier la violation du secret professionnel par un professionnel de santé[33]. Le fait que la notion d'emprise soit entrée dans le code pénal (à l'issue de discussions divisées[34]

---

procédure pénale. Opinio doctorum, dir. V. Malabt, B. De Lamy et M. Giacopelli, Dalloz, 2009, p. 71 et s.

[32] V. recommandations n° 5, 6, 8, 9, 10, 11.

[33] Art. 226-14 C. pén. : « L'article 226-13 n'est pas applicable dans les cas où la loi impose ou autorise la révélation du secret. En outre, il n'est pas applicable : (...) 3° Au médecin ou à tout autre professionnel de santé qui porte à la connaissance du procureur de la République une information relative à des violences exercées au sein du couple relevant de l'article 132-80 du présent code, lorsqu'il estime en conscience que ces violences mettent la vie de la victime majeure en danger immédiat et que celle-ci n'est pas en mesure de se protéger en raison de la contrainte morale résultant de l'emprise exercée par l'auteur des violences. Le médecin ou le professionnel de santé doit s'efforcer d'obtenir l'accord de la victime majeure ; en cas d'impossibilité d'obtenir cet accord, il doit l'informer du signalement fait au procureur de la République. »

[34] P. Januel, « Violences conjugales : les députés dans l'impasse de la loi », Dalloz actu., 17 janv. 2020.

et sans convaincre unanimement la doctrine[35]) ne justifie en rien d'ajouter la notion de contrôle coercitif au titre d'une quelconque symétrie terminologique.

Concernant le champ d'incrimination, plusieurs difficultés doivent être relevées. En premier lieu, l'ajout d'un nouveau texte pourrait faire naître des conflits de qualifications. Si l'incrimination de contrôle coercitif venait s'ajouter aux qualifications pénales déjà mobilisées en matière de violences conjugales (homicide, violences, harcèlement, vol, atteinte à la vie privée ou au secret des correspondances, *etc.*)[36], le risque serait que l'incrimination ne soit utilisée que pour les faits les moins graves et/ou sans résultat. Le champ d'action serait dès lors limité et interrogerait sur la frontière entre les actes prédictifs de violences domestiques et ceux qui ne constitueraient que de simples « conflits de couple ». Logiquement il serait alors prévisible que les poursuites ne soient que rarement engagées pour ces signaux faibles quand bien même une nouvelle qualification pénale pourrait juridiquement permettre d'y apporter une réponse répressive[37]. Si le contrôle coercitif était intégré dans le code en tant que qualification pénale unique pour l'ensemble des actes

---

[35] B. Le Devedec, « Levée du secret médical et accessibilité aux mineurs à la pornographie en ligne - Loi n° 2020-936 du 30 juillet 2020, visant à protéger les victimes de violences conjugales », *Dr. pén.*, n° 9, sept. 2020, étude 26.

[36] *Cf. infra.*

[37] *Cf.* propos cités *infra* de Monsieur Nicolas Pages, substitut : il y a déjà « trop de textes et pas assez de personnes pour les appliquer ».

pouvant relever des violences conjugales[38], le risque de conflits de qualification serait réduit à zéro mais une telle évolution interrogerait alors sur l'opportunité d'une surspécialisation du droit pénal[39]. Les qualifications de droit commun subsisteraient pour tous les faits qui seraient commis en dehors du cadre conjugal et, dans le cade conjugal, on mobiliserait un texte unique qui ferait varier la répression en fonction du résultat advenu ou de la gravité des actes commis. Les peines encourues ne seraient pas nécessairement augmentées, le champ d'incrimination ne serait pas nécessairement élargi mais il existerait une disposition spéciale aux violences conjugales mettant en exergue dans les éléments constitutifs la particularité du processus de contrôle du côté de l'auteur et de l'emprise du côté de la victime[40]. Il est tentant de ne voir là qu'une évolution à vocation pédagogique qui viendrait complexifier le droit sans apporter d'innovation majeure susceptible concrètement de renforcer la répression des violences domestiques. En second lieu, on peut s'interroger

---

[38] « L'intérêt de créer un délit de contrôle coercitif est de réunir sous une même qualification un ensemble d'actes tendus vers le même objectif de contrôle et d'assujettissement de la victime et qui, sans une qualification commune, seraient soit traités de manière isolée sous des qualifications spécifiques » (Y. Muller-Lagarde et A. Gruev-Vintila, « Violences au sein du couple : pour une consécration pénale du contrôle coercitif », préc.).

[39] G. Beaussonie (dir.), *Faut-il "regénéraliser" le droit pénal ? : actes du colloque organisé à Tours les 6 et 7 novembre 2014*, avec le soutien de la Mission de Recherche Droit et Justice, LGDJ-Lextenso éditions, 2015, Grands colloques

[40] De ce qui constitue la « marque de fabrique des violences conjugales » (Y. Muller-Lagarde et A. Gruev-Vintila, « Violences au sein du couple : pour une consécration pénale du contrôle coercitif », préc.).

sur la manière dont serait rédigé le texte : s'agirait-il d'une infraction instantanée, continue ou d'habitude ? s'agirait-il d'une infraction matérielle ou formelle ? Supposerait-elle un simple dol général ou également un dol spécial ? Les éléments constitutifs auraient une incidence sur la répression et notamment sur des éventuelles difficultés probatoires, tout particulièrement concernant l'intention puisqu'une incrimination du contrôle coercitif aurait vocation, pour permettre « un repérage plus en amont des violences »[41], à intervenir plus tôt dans l'*iter criminis*. Il pourrait être difficile de prouver que l'agent a eu l'intention d'exercer un contrôle sur la victime, d'autant plus si un dol spécial consistant dans le but de placer la victime sous emprise devait y être adjoint. Si cette preuve devait découler de « la nature, la pluralité et/ou gravité des actes »[42], c'est que d'autres qualifications pénales seraient susceptibles de s'appliquer aux faits, rendant donc l'infraction de contrôle coercitif surabondante d'un point de vue strictement répressif.

Au final, l'incrimination de contrôle coercitif est envisagée par ses défenseurs comme un moyen de répondre tant à un certain vide juridique qu'à une insuffisance de répression[43].

---

[41] A. Sannier, « Traitement judiciaire des violences intrafamiliales », AJ fam., 2023, p. 301 ; M. Chollet, « Comment mieux lutter contre les féminicides ? Libres propos sur le contrôle coercitif », préc. ; C. Hardouin-Le Goff, « Faut-il inscrire le « féminicide » dans le Code pénal ? », préc.

[42] A. Wehbé, « La pénalisation du contrôle coercitif, outil indispensable de lutte contre les violences familiales », préc.

[43] M. Chollet, « Comment mieux lutter contre les féminicides ? Libres propos sur le contrôle coercitif », préc.

Sur l'existence supposée d'un vide juridique, il faut relever que les qualifications pénales mobilisables en matière de violences conjugales sont nombreuses et permettent de réprimer les violences physiques et psychologiques (y compris sans contact direct en cas de voies de fait) et des faits non-violents qui s'apparentent à une forme de harcèlement (harcèlement moral, SMS et appels réitérés) ou à une forme de contrôle (menaces, injures, vol de documents d'identité ou de moyens de paiement, violation du secret des correspondances et atteintes à la vie privée[44], *etc.*). Le nombre et la diversité de ces incriminations pourrait laisser à penser que les violences conjugales sont suffisamment appréhendées par le droit pénal. Toutefois, comme l'ont signalé certains commentateurs[45], il faut convenir que le champ d'incrimination du délit de harcèlement moral conjugal est trop limité en ce qu'il implique une dégradation effective des conditions de vie de la victime se traduisant par une altération de sa santé physique ou mentale[46]. Les propos ou actes du conjoint contrôlant ne pourront donc être poursuivis qu'à la condition de pouvoir établir une altération effective de la santé de la victime. S'il est vrai qu'« avec l'incrimination

---

[44] L. Dasinieres, « Fouiller dans le téléphone de son ou sa partenaire est-il un délit ? », Slate.fr, 31 mai 2023.

[45] C. Hardouin-Le Goff, « Faut-il inscrire le « féminicide » dans le Code pénal ? », préc. ; Y. Muller-Lagarde et A. Gruev-Vintila, « Violences au sein du couple : pour une consécration pénale du contrôle coercitif », préc.

[46] L'article 222-33-2-1 du code pénal incrimine « le fait de harceler son conjoint, son partenaire lié par un pacte civil de solidarité ou son concubin par des propos ou comportements répétés ayant pour objet ou pour effet une dégradation de ses conditions de vie *se traduisant par une altération de sa santé physique ou mentale* ».

du contrôle coercitif, il suffir[ait] de prouver son état de peur », il paraît plus opportun de modifier le texte d'incrimination du harcèlement moral conjugal, dans la même veine que celui du harcèlement moral au travail[47], afin qu'il soit seulement nécessaire de prouver que la dégradation de vie a été voulue par l'auteur quand bien même elle ne se serait pas effectivement produite. Sur les insuffisances revendiquées de la répression, il faut bien distinguer entre ce qui relèverait d'un vide juridique et ce qui relève de décisions d'opportunité en raison de faits estimés insuffisamment graves, problématiques, prédictifs ou trop difficiles à prouver. Dans ce second cas, il serait inutile d'ajouter un nouveau texte puisque les parquets ne s'en saisiraient pas davantage. Comme l'a relevé Monsieur Nicolas Pages, Substitut du Procureur de la République près le Tribunal judicaire de Nancy, il y a déjà « trop de textes et pas assez de personnes pour les appliquer »[48]. Le renforcement de la lutte contre les violences conjugales doit passer en priorité par l'augmentation des moyens de la Justice (pénale et civile, répressive et préventive) plutôt que par un nouvel empilement législatif à la portée limitée[49].

---

[47] L'article 222-33-2 du code pénal incrimine « le fait de harceler autrui par des propos ou comportements répétés ayant pour objet ou pour effet une dégradation des conditions de travail susceptible de porter atteinte à ses droits et à sa dignité, d'altérer sa santé physique ou mentale ou de compromettre son avenir professionnel ».

[48] Propos tenus lors de la journée d'études « Repenser le jugement des délits » (dir. D. Brach-Thiel), Faculté de Droit de Nancy, 24 nov. 2023.

[49] S. Lellouch, « Violences intrafamiliales : quand l'urgence passe au « rouge vif » », préc. ; J.-B. Perrier, « La création des juridictions des violences intrafamiliales : le discours et la méthode », Procédures 2023, n° 2, alerte 2.

La réflexion menée sur une éventuelle incrimination du contrôle coercitif illustre une volonté marquée et croissante de légiférer pour endiguer les violences conjugales et intrafamiliales. Si le but poursuivi est louable et que la recherche d'innovations est à saluer, les évolutions législatives préconisées ou adoptées ces derniers temps[50] illustrent une nouvelle ère qui tend à trop espérer du pénal et en vient à une surconsommation législative rarement gage d'efficacité[51]. Le droit pénal ne peut seul répondre par des mots à des maux. Plutôt que de sans cesse le stratifier[52], il est peut-être temps d'en revenir aux fondamentaux et, tout particulièrement en matière de lutte contre les violences conjugales, en mettant l'accent sur le renforcement de

---

[50] V. not. sur la création des juridictions spécialisées en matière de « VIF » : A. Darsonville et R. Parizot, « La création d'une juridiction spécialisée en matière de violences intrafamiliales : une mauvaise solution », AJ pén., 2023, p. 70 ; A. Darsonville, « La création des pôles spécialisés dans la lutte contre les violences intrafamiliales : des espoirs et des craintes », AJ pén., 2024, p. 21 ; J.-B. Perrier, « La création des juridictions des violences intrafamiliales : le discours et la méthode », préc. ; M. Bauer, « Juridictions spécialisées en matière de violences intrafamiliales : un coup d'esbrouffe politique », actu-juridique.fr, 5 déc. 2022 ; J. Leonhard, « La dualité des mesures civiles et pénales dans la lutte contre les violences intrafamiliales : entre symphonie et dissonances », préc. (« La sonate du législateur s'entend et séduit : tous les moyens doivent être mis en œuvre pour prévenir et réprimer les violences intrafamiliales et pour protéger les victimes. Mais si le but est louable, les procédés employés interpellent. Le législateur s'improvise parfois auteur-compositeur et n'est pas Mozart qui veut »).

[51] V. Malabat, « Les infractions inutiles », préc. ; C. Lazerges, « De la fonction déclarative de la loi pénale », *RSC*, 2004, p. 194.

[52] *Cf.* B. Cotte, « L'influence de l'émotion et de l'opinion dans la loi pénale », Académie des Sciences Morales et Politiques, Séance ordinaire du 9 avril 2018 : « La loi pénale, devenue essentiellement réactive, s'est, en se stratifiant comme les couches d'un mille-feuille, peu à peu effritée ».

l'éducation, sur l'affermissement des valeurs sociales fondamentales, et – inexorablement – sur l'accroissement des moyens de la justice.

Partie 3
Droit pénal des affaires

La CJIP, le jugement des délits d'affaires évincé ou repensé ?

Jean-Marie BRIGANT
Maître de conférences en droit privé
Le Mans Université
Membre du THEMIS-UM

« Un paiement plutôt qu'un jugement »

Origines – S'inspirant des procédures américaine et britannique de « Deferred Prosecution Agreements »[1] (DPA), le législateur français a créé par la loi du 9 décembre 2016 relative la transparence, à la lutte contre la corruption et à la modernisation de la vie économique dite Sapin 2[2] la Convention judiciaire d'intérêt public (CJIP). L'introduction de ce dispositif transactionnel aujourd'hui incontournable dans la lutte contre la corruption ne s'est pourtant pas réalisée sans difficulté. Présent dans l'avant-projet de loi Sapin 2 sous la dénomination de « Convention de compensation d'intérêt public », ce mécanisme avait fait l'objet de plusieurs critiques du Conseil d'Etat[3], conduisant

---

[1] Sur cette procédure, Cf. not. A. Mignon-Colombet et F. Buthiau, Le deferred prosecution agreement américain, une forme inédite de justice négociée. Punir, surveiller, prévenir ?, JCP G 2013, 359.
[2] L. n° 2016-1691, 9 déc. 2016 : JO 10 déc. 2016 : JCP G 2017, act. 3, Apercu rapide J.-M. Brigant ; Dr. sociétés 2016, repère 12 ; M. Roussille.
[3] CE, Avis sur un projet de loi relatif à la transparence, à la lutte contre la corruption et à la modernisation de la vie économique, 24 mars 2016, pp. 10-11 (absence de contradiction et de débat public, manque de garanties pour les droits des victimes, disposition à cantonner aux faits de corruption transnationale).

ainsi à son retrait du texte en discussion. C'est le biais d'un amendement que le dispositif corrigé a été réintroduit dans le texte législatif et finalement adopté, donnant naissance à deux nouvelles dispositions : les articles 41-1-2 et 180-2 du Code de procédure pénale.

Objectifs – La CJIP a été conçue par le législateur français comme un dispositif innovant qui permet à une personne morale – essentiellement en pratique des sociétés – mise en cause pour des faits de corruption et de trafic d'influence d'échapper à une condamnation pénale, en contrepartie de trois obligations : le versement d'une amende d'intérêt public dont le montant « est fixé de manière proportionnée aux avantages tirés des manquements constatés, dans la limite de 30 % du chiffre d'affaires moyen annuel calculé sur les trois derniers chiffres d'affaires annuels connus à la date du constat de ces manquements »[4] ; la soumission pour une durée maximale de trois années sous contrôle de l'Agence française anticorruption, à un programme de mise en conformité destiné à s'assurer de l'existence et de la mise en œuvre en son sein des mesures et procédures énumérées au II de l'article 131-39-2 du code pénal »[5] ; la réparation du préjudice lorsque la victime est identifiée[6]. Ce mécanisme transactionnel poursuit un double objectif : d'une part, permettre un règlement plus efficace (plus rapide et moins couteux) dans des dossiers complexes de

---

[4] CPP, art. 41-1-2, I., 1° : " Son versement peut être échelonné, selon un échéancier fixé par le procureur de la République, sur une période qui ne peut être supérieure à un an et qui est précisée par la convention ».

[5] CPP, art. 41-1-2, I., 2°.

[6] CPP, art. 41-1-2, I., al. 4.

corruption transnationale et d'autre part, renforcer la souveraineté judiciaire de la France dans des affaires impliquant des autorités de poursuites étrangères notamment américaines et britanniques[7].

Mécanisme – La CJIP se présente en apparence comme un mécanisme transactionnel classique dont les étapes ne sont pas sans rappeler celles de la composition pénale, elle aussi une alternative aux poursuites ou bien celles de la CRPC, alternative au jugement. Le dispositif décrit à l'article 41-1-2 du CPP comprend en effet les étapes suivantes : une proposition de convention par le Procureur de la République en amont de la mise en mouvement de l'action publique, une acceptation de celle-ci par la personne morale, une validation par le président du tribunal judiciaire, l'exécution de la CJIP dont l'exécution éteinte l'action publique et dont l'échec conduit à la mise en mouvement de l'action publique. Toutefois, une lecture attentive de ces dispositions légales laisse apparaître plusieurs différences qui confirment que cette alternative aux poursuites participe ici de la performance des entreprises. À la différence de la composition pénale, la CJIP n'a pas pour finalité d'apporter une réponse pénale à

---

[7] Sur ces deux aspects, il avait été relevé qu'avant la loi Sapin 2, « L'apparente indifférence de la France dans le suivi des recommandations des instances internationales, couplée au constat objectif d'une insuffisante répression et prévention de la corruption, fragilisait tant la souveraineté et l'action publique de la France que la compétitivité de ses entreprises » (R. Gauvain ; O. Marleix, Rapport sur l'évaluation de l'impact de la loi n° 2016-1691 du 9 décembre 2016 relative à la transparence, à la lutte contre la corruption et à la modernisation de la vie économique, AN, 7 juillet 2021, p. 14).

une délinquance de masse/ordinaire pour des infractions de faible ou de moyenne gravité. Tourné vers les seules personnes morales (entreprises), le dispositif a pour cadre la délinquance d'affaires d'une gravité marquée puisque certains délits sont punis d'une peine pouvant aller jusqu'à dix ans d'emprisonnement pour les personnes physiques. Si cette « transaction de niche » peut conduire au versement d'une amende d'intérêt public particulièrement élevée, elle n'emporte aucune déclaration de culpabilité et ne produit pas les effets d'une condamnation[8]. Ce souci de performance se retrouve même dans le mode de calcul de l'amende d'intérêt public qui est plus proche d'une logique de barémisation comptable que d'une stricte individualisation de la sanction pénale[9].

Sources – La singularité du mécanisme de la CJIP se trouve également dans les sources qui relèvent ici de deux catégories. Comme d'autres alternatives aux poursuites, la CJIP s'appuie sur des sources classiques que sont ici les dispositions du Code de procédure pénale. Les articles 41-1-2 et 180-2 du CPP[10] viennent en effet définir la procédure et les conditions de fond applicables à la conclusion d'une CJIP, auxquels s'ajoutent les dispositions réglementaires issues du Décret n° 2017-260 du 27 avril 2017[11]. En revanche, c'est le droit souple qui détaille les conditions ainsi que les modalités de proposition, de négociation et de

---

[8] CPP, art. 41-1-2, II.

[9] PNF, Lignes directrices sur la mise en œuvre de la CJIP, 16 janv. 2023, § 3.1.

[10] Voir égal. CPP, art. 800-1 (frais de justice).

[11] CPP, art. R. 15-33-60-1 et s.

conclusion des CJIP. Plusieurs textes ont ainsi été mobilisés : une circulaire du 31 janvier 2018[12], une dépêche du 21 mars 2019[13] de la DACS et surtout les Lignes directrices communes adoptées par le PNF et l'AFA le 26 juin 2019[14]. Leur raison d'être ne manquant pas d'étonner dans un domaine – la procédure pénale – où le législateur a compétence exclusive[15], les autorités précitées ont cru nécessaires de préciser leur démarche : «en précisant et en exposant les modalités de mise en œuvre de la CJIP, elles (les lignes directrices) ont pour objectif d'inciter les personnes morales à adopter une approche de coopération avec l'autorité judiciaire comme avec l'AFA. Elles constituent pour les opérateurs économiques et les autorités judiciaires étrangères un élément de prévisibilité et un facteur de sécurité juridique »[16]. Le 16 janvier 2023, ces lignes directrices ont été actualisées et corrigées par le PNF, en tenant compte de l'expériences des CJIP conclues et exécutées au cours des années passées[17]. En pratique, cet instrument de soft law est aussi important voire sinon plus

---

[12] Circulaire du directeur des affaires criminelles et des grâces du 31 janvier 2018 relative à la présentation et la mise en œuvre des dispositions pénales prévues par la loi n°2016-1691 du 9 décembre 2016 relative à la transparence, à la lutte contre la corruption et à la modernisation de la vie économique.

[13] Dépêche 2019/F/0419/FA1 du 21 mars 2019 de présentation et des modalités d'échanges entre les parquets et l'Agence française anticorruption.

[14] AFA-PNF, Lignes directrices du 26 juin 2019 sur la mise en œuvre de la CJIP.

[15] Const. 4 oct. 1958, art. 34, al. 3.

[16] AFA-PNF, Lignes directrices du 26 juin 2019 sur la mise en œuvre de la CJIP, p. 1.

[17] PNF, Lignes directrices sur la mise en œuvre de la CJIP, 16 janv. 2023.

que les dispositions du CPP qui contentent de fixer le cadre des CJIP.

Bilan (2016-2023) – Depuis 2016, année de sa création, la CJIP a rapidement prouvé son efficacité, en dépit de certaines réticences initiales. Plus d'une vingtaine de CJIP ont été conclues en grande partie le PNF et quelques-unes par les Parquet de Paris et de Nanterre. Comme le relève le rapport d'évaluation de la loi Sapin 2, « le bilan de la mise en œuvre de la convention judiciaire d'intérêt public est très positif. Le dispositif a permis de traiter des affaires complexes – dans un délai raisonnable – et a conduit à infliger aux personnes mises en causes des amendes importantes »[18]. Le dispositif, grâce à l'action du PNF, a également permis à la France d'affirmer sa souveraineté judiciaire, de limiter l'application extraterritoriale de la législation américaine tout en assurant le respect de la loi dite de « blocage[19]. Au passif de la CJIP, figure le sort des personnes physiques, dirigeants et cadre de la société concernée[20]. Comme l'indiquent les dispositions légales, « les représentants légaux de la personne morale mise en

[18] R. Gauvain ; O. Marleix, Rapport préc., AN, 7 juillet 2021, p. 105 : « Le total des amendes infligées s'élève à 3,044 milliards d'euros, et quatre conventions (conclues avec les sociétés HSBC, Google, Société Générale et Airbus) représentent 99 % de ce montant – la convention Airbus représente à elle seule 70 % de ce montant. Par ailleurs, comme le rappelait M. Éric Dupont-Moretti, garde des Sceaux, lors de l'examen du projet de loi relatif au Parquet européen et à la justice pénale spécialisée en commission des Lois, la CJIP a également permis « *le versement au fisc de 662 millions d'euros de dommages et intérêts* ».

[19] E. Daoud, H. Partouche, Étude comparative des CJIP : bilan et perspectives », Dalloz actu., 27 avril 2020.

[20] Transparency International, Note de position la CJIP, janv. 2023.

cause demeurent responsables en tant que personnes physiques »[21]. Si en théorie, le sort de dirigeants et des sociétés est distinct, en pratique, un effort de synchronisation et/ou d'articulation est encouragé en pratique : « un règlement simultané et conjoint de leurs situations est préféré chaque fois que le dossier probatoire et les faits concernés le permettent »[22]. Toutefois, le traitement judiciaire de l'affaire Bolloré a démontré la fragilité de ces procédures parallèles (CJIP/CRPC) guidée par la soft law[23]. Une réponse cohérence mériterait d'être posée par le législateur lui-même afin de sécuriser certains dossiers[24].

Ce point noir mis à part, le succès de la CJIP peut s'expliquer par le champ d'application particulièrement large du dispositif (I.) ainsi que par les avantages octroyés aux personnes morales tout au long de la procédure (II.). Ces éléments permettent ainsi de mieux comprendre l'éviction du procès pénal en matière économique et financière[25]. L'analyse des CJIP conclues depuis 2016 permet également de réaliser que le jugement des délits

[21] CPP, art. 41-1-2 : « Ils sont informés, dès la proposition du procureur de la République, qu'ils peuvent se faire assister d'un avocat avant de donner leur accord à la proposition de convention ».

[22] PNF, Lignes directrices sur la mise en œuvre de la CJIP, 16 janv. 2023, § 4.5.2.

[23] J.-M. Brigant, Corruption & Transaction(s) dans l'affaire Bolloré : les chemins divergents d'une justice pénale négociée, Club des juristes, 28 mai 2021 ; E. Brunelle et alii, L'affaire Bolloré ou les limites d'une justice pénale négociée, Dalloz actu. 23 mars 2021.

[24] Pour une création d'une « CRPC-corruption », cf. R. Gauvain ; O. Marleix, Rapport préc., AN, 7 juillet 2021, p. 105 (proposition n° 26).

[25] F. Stasiak, « L'éviction du juge pénal en matière économique et financière », Archives de politique criminelle, vol. 39, n°. 1, 2017, pp. 7-21.

d'affaires est non seulement évincé mais également, de manière plus subtile, repensé (III.).

I. Les Champs illimités de la CJIP

Périmètre étendu – En étant limitée aux seules « personnes morales »[26], le législateur donne l'impression que le domaine d'application de la CJIP apparaît très étroit. Tel n'est pas le cas en revanche lorsque l'on examine les infractions visées ainsi que les critères permettant de recourir à cette alternative aux poursuites. Il en résulte que cette procédure bénéfice d'un périmètre matériel élargi (A) et d'un champ décisionnel imprécis (B).

A. Un champ matériel élargi

Périmètre actuel de la CJIP – Depuis son adoption en 2016, le dispositif de la CJIP a vu son champ matériel progressivement étendu par le législateur français. A l'origine, cette alternative aux poursuites était limitée à deux catégories d'infractions d'affaires. La première catégorie concerne les délits de corruption et de trafic d'influence actifs prévus aux « articles 433-1,433-2,435-3,435-4,435-9,435-10,445-1,445-1-1,445-2 et 445-2-1, à l'avant-dernier alinéa de l'article 434-9 et au deuxième alinéa de l'article 434-9-1 du code pénal »[27]. C'est sur la base de ces premières infractions qu'ont été conclues un

[26] CPP, art. 41-1-2, I.
[27] CPP, art. 41-1-2, I.

grand nombre de Conventions judiciaires[28]. La seconde catégorie prévue par la loi Sapin 2 concerne le blanchiment de certaines infractions de fraude fiscale prévues aux articles 1741 et 1743 du CGI[29]. Après 2016, le législateur est intervenu à deux reprises pour étendre le champ du dispositif. D'une part, dans un souci de diversification des modalités des poursuites de la fraude, l'article 25 de la loi n° 2018-898 du 23 octobre 2018 relative à la lutte contre la fraude a autorisé la conclusion d'une CJIP pour les délits de fraude fiscale prévus aux articles 1741 et 1743 du CGI. Il s'agit d'un nouveau levier offert au Parquet afin de pouvoir traiter rapidement et de manière globale certains dossiers pour lesquels jusqu'alors, seul le blanchiment de fraude fiscale pouvait faire l'objet d'une CJIP, à l'exclusion de la fraude fiscale elle-même. D'autre part, l'article 14 de la loi n° 2020-1672 du 24 décembre 2020 relative au Parquet européen, à la justice environnementale et à la justice pénale spécialisée a notamment étendu le champ matériel de la CJIP aux délits de blanchiment de corruption et de trafic d'influence précités[30].

---

[28] Citons les CJIP suivantes : Set Environnement, Kaeffer Wanner, Poujaud, Société générale, Egis Avia, Doris, Airbus 1 & 2, Bolloré, LVMH, Technip Energie, Guy Dauphin Environnement, Groupes Seves & Sediver, SAS Peinture Omnium et Groupe Omnium Developpement, SAS Entreprise Ventre & Groupe Omnium Développement.

[29] Sur ce fondement, quelques CJIP ont été conclues par PNF avec les sociétés suivantes: HSBC, Bank of China et Atalian.

[30] Cette même réforme est l'origine d'une « CJIP environnementale » prévue aux articles 41-1-2 et 180-2 du CPP, pour les délits prévus par le Code de l'environnement ainsi qu'aux infractions connexes.

Périmètre potentiel de la CJIP – En raison d'un bilan très positif, la CJIP pourrait encore être étendue à d'autres infractions comme l'ont suggéré certains praticiens et universitaires : soit aux infractions relevant de la délinquance économique et financière au sens de l'article 705 du CPP[31], soit à celles visées à l'article L. 2141-1 du Code de la commande publique, dont la condamnation entraîne une exclusion automatique des procédures de passation des marchés publics[32]. Si le législateur préfère écarter une extension généralisée du mécanisme en raison d'un risque de banalisation et de dénaturation du dispositif[33], il considère que le dispositif mériterait d'être élargi à d'autres infractions en matière de probité et notamment au délit de favoritisme prévu à l'article 432-14 du Code pénal[34]. Toutefois, cette extension ciblée n'emporte pas notre conviction pour deux raisons. Le délit de favoritisme requiert comme l'ensemble des atteintes à la probité que l'auteur soit une personne exerçant une fonction publique. Cette qualité étant attribuée aux seules personnes physiques, le délit de l'article 432-14 du Code pénal ne peut

[31] Club des Juristes, « Pour un droit européen de la compliance », rapport, nov. 2020.

[32] R. Gauvain ; O. Marleix, Rapport sur l'évaluation de l'impact de la loi n° 2016-1691 du 9 décembre 2016 relative à la transparence, à la lutte contre la corruption et à la modernisation de la vie économique, AN, 7 juillet 2021, p. 104 (Réponse de Me Alexandre Bisch au questionnaire envoyé par la mission).

[33] R. Gauvain ; O. Marleix, Rapport préc., AN, 7 juillet 2021, p. 104 : « La CJIP constitue un outil efficace, mais un élargissement trop rapide pourrait entraîner sa banalisation et risquerait de nuire à son acceptabilité, alors que la pratique n'est pas encore totalement stabilisée ».

[34] R. Gauvain ; O. Marleix, Proposition de loi visant à renforcer la lutte contre la corruption, AN, 19 octobre 2021, n°4586, art. 6, al. 3.

être imputé à une personne morale de droit privé, sujets de la CJIP. En réalité, l'objectif caché du législateur est de permettre une CJIP pour les entreprises mises en cause pour recel de favoritisme. Or sur ce point, c'est déjà le cas en pratique puisque « les infractions connexes »[35] aux délits de corruption et de fraude fiscale entrent dans le champ d'application de la CJIP. Ainsi, dans la « CJIP Bouygues » de 2023 ont été retenues les qualifications de « corruption active d'agent public et de recel de favoritisme »[36]. Dans le même sens, les CJIP Groupe Omnium Développement ont porté sur des faits susceptibles de caractériser des délits de corruption et trafic d'influence actif d'agent public ainsi que « des délits connexes de recel de favoritisme et de recel de prise illégale d'intérêts »[37]. En s'appuyant implicitement sur le lien de connexité, il a été possible de conclure une transaction allant bien au-delà du seul trafic d'influence d'actif sur agent public comme le révèle la CJIP LVMH dont les faits portaient sur des qualifications multiples : « recel de violation du secret professionnel, complicité par instigation, des délits de collecte frauduleuse de données à caractère personnel, d'exercice illégal de la profession règlementée relevant de la sécurité privée, d'exercice illégal d'agent de recherches privées et d'atteinte à la vie privée, … et recel d'abus de confiance »[38].

---

[35] CPP, art. 41-1-2, I.

[36] CJIP, Bouygues Bâtiment S-E & Linkcity S-E, 15 mai 2023.

[37] CJIP, SAS Entreprise Ventre & Groupe Omnium Développement, 29 nov. 2023 ; CJIP, SAS Sud Est Étanchéité & Groupe Omnium Développement, 29 nov. 2023.

[38] CJIP, LVMH, 15 déc. 2021.

B. Un champ décisionnel imprécis

Absence de critère légal – Il résulte des dispositions légales que la proposition de conclure une CJIP au cours de l'enquête préliminaire ou de l'information judiciaire est laissée à la libre appréciation du Parquet : « Tant que l'action publique n'a pas été mise en mouvement, le procureur de la République peut proposer à une personne morale mise en cause pour un ou plusieurs délits (…) de conclure une convention judiciaire d'intérêt public imposant une ou plusieurs des obligations (…) »[39]. Cette proposition du procureur de la République ne repose donc sur aucun critère légal, à la différence d'une mesure alternative aux poursuites de l'article 41-1 du CPP qui est conditionnée au fait qu'elles soit « susceptible d'assurer la réparation du dommage causé à la victime, de mettre fin au trouble résultant de l'infraction ou de contribuer au reclassement de l'auteur des faits »[40]. A défaut d'indications légales, c'est la circulaire DACG du 31 janvier 2018 qui, la première, est venue préciser les critères de proposition d'une CJIP par le Parquet. Ainsi, « l'opportunité de mettre en œuvre une convention pourra s'apprécier en fonction de plusieurs critères : les antécédents de la personne morale, le caractère volontaire de la révélation des faits, le degré de coopération avec l'autorité judiciaire dont la personne morale fait preuve »[41]. C'est en second le PNF et l'AFA qui

---

[39] CPP, art. 41-1-2, I.

[40] CPP, art. 41-1.

[41] Circulaire du DGAS du 31 janvier 2018 relative à la présentation et la mise en œuvre des dispositions pénales prévues par la loi n°2016-1691 du 9 décembre 2016 relative à la transparence, à la lutte contre la corruption et à la modernisation de la vie économique. : « (…) la prise

ont publiés en 2019 des « Lignes directrices sur la mise en œuvre de la CJIP » précisant la liste des critères d'octroi pour bénéficier d'une telle procédure. De manière concordante avec la circulaire de 2018, il est indiqué que le recours à la CJIP satisfait l'intérêt public lorsqu'« il permet de réduire sensiblement le délai d'enquête, d'assurer l'effectivité et la fermeté de la réponse judiciaire en réponse aux comportements poursuivis, d'assurer l'indemnisation du préjudice de la victime et contribue à la prévention de la récidive par la mise en place de dispositifs effectifs de détection des atteintes à la probité »[42]. Plus récemment, le PNF a édité de nouvelles lignes directrices qui, tout en indiquant qu'il n'est pas souhaitable d'imposer des conditions a priori pour accéder à la CJIP, ne requiert désormais qu'une seule exigence : « une coopération de bonne foi de la personne morale »[43]. Les gages de bonne foi vont principalement se concrétiser par une révélation spontanée des faits au Parquet dans un délai raisonnable ainsi qu'une coopération active à la manifestation de la vérité[44].

en compte des antécédents de la personne morale conduira, dans la plupart des cas, à exclure la convention lorsque la personne morale aura déjà bénéficié d'une telle mesure ».

[42] AFA et PNF, Lignes directrices sur la mise en œuvre de la CJIP, 26 juin 2019, p. 6.

[43] PNF, Lignes directrices sur la mise en œuvre de la CJIP, 16 janv. 2023, § 2.1.3.

[44] Selon le PNF, dans l'hypothèse d'une CJIP pour fraude fiscale le règlement préalable ou concomitant de la situation fiscale de la personne morale constitue une condition sine qua non pour en bénéficier.

Risques d'une appréciation discrétionnaire – Ces critères d'octroi de la CJIP dégagés par des textes de droit souple ne peuvent-ils pas être repris dans la loi elle-même afin de se conformer aux exigences de l'article 34 de la Constitution aux termes duquel « la loi fixe les règles concernant (…) la procédure pénale »[45]. En laissant la soft law le soin de délimiter le champ d'application d'une procédure ayant pour objet l'extinction de l'action, le législateur prend ici le risque de méconnaître sa propre compétence et encourt ainsi une censure constitutionnelle, à l'instar de l'ancienne transaction pénale par OPJ[46]. Le Conseil constitutionnel avait alors jugé que le législateur avait méconnu l'étendue de sa compétence, en renvoyant au pouvoir réglementaire la fixation de la valeur de l'objet volé en-deçà de laquelle il est possible de proposer une transaction pénale à l'auteur d'un vol[47]. En dépit de ce risque, le législateur lui-même, à l'occasion du rapport Marleix-Gauvin, estime qu'une telle évolution ne paraît pas opportune : « le champ du dispositif serait potentiellement plus restreint et que la définition de critères stricts d'intérêt public limiterait fortement le pouvoir d'appréciation du parquet, alors que la souplesse de la procédure permet au juge de prendre en compte ces critères tant au stade de la proposition de la CJIP qu'à celui de la détermination de l'amende et du programme de mise en conformité »[48]. A en croire le législateur lui-même, la loi serait trop

[45] Const°, art. 34.
[46] CPP, anc. art. 41-1-1.
[47] Cons. Const., 23 sept. 2016, n° 2016-569 QPC. Cf. égal. CE, ass., 7 juillet 2006, France Nature Environnement, n° 283178.
[48] R. Gauvain ; O. Marleix, Rapport préc., AN, 7 juillet 2021, p. 101.

contraignante pour un mécanisme tel que la CJIP, ce que confirme le PNF pour lequel, les lignes directrices « constituent un instrument de prévisibilité et de sécurité juridique »[49]...(plus que le CPP ?). Cette appréciation de la CJIP au cas par cas par le Parquet revient en définitive à lui conférer un pouvoir discrétionnaire qui heurte non seulement la prévisibilité de la loi pénale au sens de l'article 7§1 de la CESDH[50] ainsi que l'égalité devant la loi consacrée à l'article 6 de la DDHC[51]

II. Les Charmes particuliers de la CJIP

Attractions contractuelles et juridiques – Si la CJIP est souvent rapprochée d'autres procédures alternatives que sont la composition pénale et la comparution sur reconnaissance préalable de culpabilité (CRPC), elle se démarque de celles-ci sur deux aspects : d'une part, des modalités de négociation augmentées (A) et d'autre part, des effets bénéfiques importants alors même que les faits sont souvent plus graves (B).

---

[49] PNF, Lignes directrices sur la mise en œuvre de la CJIP, 16 janv. 2023, p. 1.

[50] CEDH, 22 janv. 2013, Camilleri c. Malte, n° 42931/10 : « La loi n'offre aucune précision sur les circonstances dans lesquelles telle ou telle échelle de peines doit s'appliquer. Le procureur bénéficie d'un pouvoir discrétionnaire absolu pour déterminer la peine minimale applicable à une même infraction. Le choix du procureur est inévitablement subjectif et laisse place à l'arbitraire, d'autant qu'il n'existe pas de garanties procédurales ».

[51] Cons. Const., 23 juillet 1975, n° 75-76 DC, § 5 : « Le respect de ce principe fait obstacle à ce que des citoyens se trouvant dans des conditions semblables et poursuivis pour les mêmes infractions soient jugés par des juridictions composées selon des règles différentes ».

A. Le charme des négociations

Des modalités contractuelles augmentées – Absente des dispositions des articles 41-1-2 et 180-2 du CPP, la négociation est bien « le maître mot » qui résume le mécanisme de la CJIP : « Pour les entreprises, la règle contractuelle est le modèle de prédilection de la règle juridique, parce qu'elle s'adapte à leurs besoins en étant modulable, négociable »[52].

Dès l'entrée en négociation, il est possible de percevoir le décalage entre la théorie et la pratique. Dans le premier cas, il résulte des dispositions légales que l'initiative officielle en matière de CJIP relève du seul Parquet. Dans la pratique, la procédure emprunte une forme bilatérale par le biais des « pourparlers informels ». Ainsi selon les lignes directrices, « le représentant légal de la personne morale ou son avocat peuvent faire connaître au PNF leur souhait de bénéficier de ce mécanisme transactionnel »[53]. Ces derniers peuvent ainsi se rapprocher du Parquet, aucun écrit n'étant jugé nécessaire pour engager des discussions préalables permettant d'envisager la possibilité d'un recours à la CJIP. Lesdits échanges sont d'ailleurs couverts par la foi du palais. Loin de la rigidité affichée par le Code de la procédure pénale, les lignes directrices démontrent une

[52] A. Gallois, La Convention judicaire d'intérêt public, p. 119, in : Brigant J.-M. (dir), Le risque de corruption, Dalloz, coll. Thèmes & Commentaires, 2018.
[53] PNF, Lignes directrices sur la mise en œuvre de la CJIP, 16 janv. 2023, § 2.1.1.

grande ouverture de la part du PNF pour des pourparlers informels., « à l'exception des cas incluant à titre connexe des atteintes graves aux personnes »[54].

La poursuite des négociations va conduire en pratique la société et le PNF à s'accorder sur le champ matériel et temporel des faits couverts par la CJIP. En marge du droit commun de l'enquête qui ne permet l'accès au dossier de la procédure qu'en application de l'article 77-2 du CPP, la pratique de la CJIP permet au PNF d'apprécier au cas par cas l'accès à tout ou partie de ce document avec un droit de copie de celui-ci. Il s'agit là d'une recommandation du PNF qui fait suite au rapport parlementaire « Marleix-Gauvin », qui souhaitait offrir plus de garanties aux personnes morales qui s'engagerait dans une CJIP, en leur permettant d'avoir « une meilleure visibilité sur les bénéfices tirés de l'autodénonciation »[55].

Si la question de l'échec de la procédure de CJIP est bien envisagée par le législateur, celle des négociations bien en amont ne l'est pas. En effet, une protection légale des documents et informations fournies par l'entreprise est bien prévue après les négociations en cas de refus de validation de la proposition de convention par le président du tribunal judiciaire ou d'exercice du droit de rétraction par la personne morale. Dans les deux situations, « le procureur

---

[54] PNF, Lignes directrices sur la mise en œuvre de la CJIP, 16 janv. 2023, § 2.1.1.

[55] R. Gauvain ; O. Marleix, Rapport sur l'évaluation de l'impact de la loi n° 2016-1691 du 9 décembre 2016 relative à la transparence, à la lutte contre la corruption et à la modernisation de la vie économique, AN, 7 juillet 2021, p. 113.

de la République ne peut faire état devant la juridiction d'instruction ou de jugement des déclarations faites ou des documents remis par la personne morale au cours de la procédure prévue au présent article »[56]. Cette protection de l'article 41-1-2 du CPP se limitant aux documents et informations transmis au Parquet après formalisation d'une proposition de CJIP, il est donc possible pour le PNF de faire usages des éléments transmis par l'entreprise lors de l'enquête préliminaire, en amont de la formalisation d'une proposition de CJIP[57]. Soucieux de renforcer les garanties offertes aux entreprises lors des négociations mais également de limiter les risques d'atteintes au droit de ne pas d'auto-incriminer, le PNF invite désormais à avancer le moment à partir duquel la réutilisation (par le parquet), devant la juridiction d'instruction ou de jugement, des déclarations, des documents et informations transmis par la personne morale au cours des négociations de la CJIP est impossible. En complément, il est indiqué que l'autorité de poursuite doit convenir, avec l'entreprise et ses avocats, au cas par cas les modalités et le statut des échanges et documents en termes d'opposabilité et de confidentialité[58]. Enfin, on relèvera qu'une fois les négociations terminées, l'entreprise bénéficie encore d'une (ultime) prérogative contractuelle puisqu'elle dispose d'un délai légal de rétraction de dix jours à compter de la validation de la CJIP

---

[56] CPP, art. 41-1-2, III., al. 2. Voir également, CPP, art. 495-14, al. 2 (solution similaire – CRPC).

[57] PNF, Lignes directrices sur la mise en œuvre de la CJIP, 16 janv. 2023, § 2.2.1, p. 11.

[58] PNF, Lignes directrices sur la mise en œuvre de la CJIP, 16 janv. 2023, § 2.2.1, p. 11.

par le juge pénal [59]. Avec cette disposition de nature consumériste, la CJIP se démarque ici de la CRPC et de la composition pénale, qui ne comportent qu'un délai de réflexion de dix jours[60]. La procédure de CJIP permet donc à une entreprise, de manière unilatérale, de remettre en cause une décision d'un juge pénal et l'action du Procureur de la République… Comme l'a relevé un auteur[61], non seulement le fondement interpelle (changement de stratégie judiciaire, appréciation erronée des risques, …) mais la consécration de ce délai en dit long sur la transformation de la justice pénale en « bien de consommation courante »[62].

B. Le charme des répercussions

Absence d'effets négatifs – Certes, les conventions conclues font l'objet d'une large publicité puisque l'ordonnance de validation, le montant de l'amende d'intérêt public ainsi que la convention sont publiés sur les sites internet des ministères de la Justice et du Budget[63]. En outre, la CJIP fait par ailleurs l'objet d'un communiqué de presse de la part du Parquet[64]. Hormis cette pratique numérique du Name & Shame, la CJIP présente la particularité de ne pas s'accompagner d'effet négatif (à la

---

[59] CPP, art. 41-1-2, II., al. 3.

[60] CPP, art. 495-8 et R. 15-33-39.

[61] A. Gallois, La Convention judicaire d'intérêt public, p. 119, in : Brigant J.-M. (dir), Le risque de corruption, Dalloz, coll. Thèmes & Commentaires, 2018.

[62] Expression de S. Guinchard, « La justice, bien de consommation courante ou la banalisation de la justice médiatique, p. 461 in : Liber amicorum Jean Calais-Auloy, Dalloz, 2004.

[63] CPP, art. 41-1-2, II. al. 6.

[64] CPP, art. 41-1-2, II. al. 5.

différence de la composition pénale et/ou de la CRPC). En ce sens, le Code procédure pénale précise, en son II de l'article 41-1-2, que « l'ordonnance de validation n'emporte pas déclaration de culpabilité et n'a ni la nature ni les effets d'un jugement de condamnation »[65], Il est ajouté que « La convention judiciaire d'intérêt public n'est pas inscrite au bulletin n° 1 du casier judiciaire »[66]. Comme le souligne PNF dans ses Lignes directrices de 2023, « en ce qu'il participe directement de l'intérêt public, l'intérêt de la personne morale est pris en compte. La CJIP favorise la continuité de l'activité économique »[67] en neutralisant les effets d'une condamnation judiciaire. La personne morale bénéficiant d'une CJIP pour des délits portant atteinte à la probité va non seulement échapper aux peines complémentaires encourues devant le tribunal correctionnel[68] mais également à la peine automatique d'exclusion des marchés publics. En application de la directive européenne 2014/24/UE du 26 février 2014, le Code de la commande publique dispose que « Sont exclues de la procédure de passation des marchés et des contrats de concession « les personnes qui ont fait l'objet d'une condamnation définitive pour l'une des infractions prévues

[65] CPP, art. 41-1-2, II. al. 4.

[66] CPP, art. 41-1-2, II. al. 5.

[67] PNF, Lignes directrices sur la mise en œuvre de la CJIP, 16 janv. 2023, § 1.1.2.

[68] Il s'agit des peines suivantes : confiscation du produit ou de l'objet de l'infraction, interdiction d'exercer certaines activités professionnelles ou sociales, fermeture d'établissements, placement sous surveillance judiciaire, interdiction de procéder à une offre au public de titres financiers ou de faire admettre ses titres financiers aux négociations sur un marché réglementé, interdiction d'émettre des chèques (CP, art. 435-15 et 131-39, 2° à 7°).

aux articles 222-34 à 222-40,225-4-1,225-4-7,313-1,313-3,314-1,324-1,324-5,324-6,421-1 à 421-2-4,421-5,432-10,432-11,432-12 à 432-16,433-1,433-2,434-9,434-9-1,435-3,435-4,435-9,435-10,441-1 à 441-7,441-9,445-1 à 445-2-1 ou 450-1 du code pénal, aux articles 1741 à 1743,1746 ou 1747 du code général des impôts (…) »[69]. Le Conseil constitutionnel a eu l'occasion de préciser que ces dispositions très sévères, qui n'ont « pas pour objet de punir les opérateurs économiques mais d'assurer l'efficacité de la commande publique et le bon usage des deniers publics, n'instituent pas une sanction ayant le caractère d'une punition »[70].

Existence d'effets positifs – A cette absence d'effets négatifs, fait écho l'existence d'effets bénéfiques pour la personne morale ayant conclu une CJIP.

En premier lieu, l'exécution des obligations prévues par la CJIP va éteindre l'action publique[71]. La portée de cette extinction mérite d'être précisée car, en toute logique, l'action publique n'est éteinte pour les seuls faits décrits dans la Convention judiciaire, à l'exclusion des faits non exposés qui pourront donner lieu à l'ouverture d'une nouvelle enquête par le PNF, « qu'ils soient connus ou non du management de l'entreprise à la date de la signature de

---

[69] CCP, art. 2141-1, al. 1er et art. L. 3123-1, al. 1er.

[70] Const. cons., 28 janv. 2022, n° 2021-966, § 10 : « Les principes de nécessité et d'individualisation des peines, qui sont protégés par le droit de l'Union européenne, ne constituent pas des règles ou principes inhérents à l'identité constitutionnelle de la France ».

[71] CPP, art. 41-1-2, IV : « La prescription de l'action publique est suspendue durant l'exécution de la convention ».

la CJIP »[72]. Toutefois, dans ses lignes directrices de 2023, le PNF pose une règle bien singulière, à rebours du caractère d'ordre public que sont les solutions posées par le législateur en matière de prescription de l'action publique. Il est ainsi indiqué qu'« à titre exceptionnel, si en raison d'un comportement systémique, tous les faits délictueux de corruption ou de trafic d'influence n'ont pu être précisément circonscrits au moment de la convention, il peut être prévu que la convention porte effet sur les faits de même nature commis sur un territoire et une période donnés découverts ultérieurement »[73]. Cette solution ou « clause », qui fait primer le droit souple sur les règles du Code de procédure pénale, est soumis au respect d'une triple condition fixée par le Parquet. Premièrement, les faits ne doivent pas été « sciemment dissimulés » (sic) au PNF par l'entreprise au cours des négociations. Deuxièmement, il est requis de la part de l'entreprise une coopération et une diligence exemplaires · dans l'identification des manquements[74]. Enfin, l'introduction d'une telle « clause » induit une majoration du montant de l'amende d'intérêt public[75]. La CJIP conclue par la société Technip Energy France le 22 juin 2023 a procédé à cette extension de l'extinction de

[72] PNF, Lignes directrices sur la mise en œuvre de la CJIP, 16 janv. 2023, § 4.3.
[73] PNF, Lignes directrices sur la mise en œuvre de la CJIP, 16 janv. 2023, § 4.3.
[74] ce qui suppose la remise d'un rapport détaillé d'enquête interne sur de tels agissements.
[75] PNF, Lignes directrices sur la mise en œuvre de la CJIP, 16 janv. 2023, § 3.1.3.

l'action publique à des faits non visés en vertu de cette « clause » du PNF[76].

En second lieu, la CJIP produit un effet positif inattendu puisque la convention est dotée de d'une autorité de la chose « négociée ». Cet effet lui permet de tirer profit de la règle Non bis in idem alors même que cette CJIP n'a en théorie « ni la nature ni les effets d'un jugement de condamnation »[77]. La personne morale n'étant pas condamnée par un jugement définitif au sens de l'article 4 § 1 du Protocole additionnel n° 7 à la CESDH, la CJIP ne devrait pas bénéficier de l'autorité de la chose jugée[78]. Néanmoins, en pratique, il est indiqué que « le PNF coordonne sa réponse pénale avec les autorités de poursuites étrangères (Department of Justice, Serious Fraud

[76] CJIP, Technip Energy France, 22 juin 2023, § 53 : « En considération du caractère systémique des comportements identifiés, de l'ampleur des investigations réalisées concernant les années 2008 à 2017, de la coopération de Technip FMC dans l'identification des manquements et la communication volontaire d'éléments de preuve, le procureur de la République financier considère que la présente convention porte effet sur les faits de corruption, de corruption d'agent public étranger et de trafic d'influence de même nature susceptibles d'être intervenus sur le territoire africain entre 2008 et 2017 et d'être reprochés à Technip France ou aux autres filiales directes ou indirectes de l'ancien groupe (…) entre 2008 et 2017, sous réserve que ces faits n'aient été sciemment dissimulés au PNF au cours des discussions ayant permis la conclusion de la convention par l'un ou l'autres des représentants signataires ou de Technip FMC ou de TEN ».

[77] CPP, art. 41-1-2, II. al. 4.

[78] Contra : CJUE, 11 févr. 2003, Gozutok & Brugge c. Allemagne, n° C-187/01 et C-385/01- Application de Non bis in idem à des procédures d'extinction de l'action publique par le Ministère public d'un État-membre sans l'intervention d'une juridiction après acquittement d'une somme d'argent.

Office, etc.) ou avec les organisations internationales comme la Banque mondiale, saisies des mêmes faits (…) éviter que l'entreprise soit sanctionnée doublement pour les mêmes faits »[79]. Ces recommandations du PNF sont dans la lignée des stipulations de la Convention des Nations Unies de Mérida qui invitent les Etats parties à coordonner leurs actions lorsqu'ils mènent une enquête ou ont engagé des poursuites ou une procédure judiciaire concernant le même acte[80].

III. Les Changements opérés par la CJIP

Droit pénal revisité par la négociation – Si de manière classique, la CJIP en tant qu'alternative aux poursuites, conduit logiquement à évincer le procès pénal, elle permet de manière plus discrète et (peut-être) plus profonde, une modification de certaines règles de droit pénal (A) et de procédure pénale (B).

A. Les changements substantiels

Qualifications pénales approximatives : trafic d'influence vs corruption active – Le premier changement substantiel opéré par la procédure de CJIP concerne le choix de certaines qualifications pénales, fruit d'une interprétation de la loi pénale qui apparaît bien éloignée des exigences de l'article 111-4 du Code pénal. En effet, il n'est

---

[79] PNF, Lignes directrices sur la mise en œuvre de la CJIP, 16 janv. 2023, § 4.4

[80] Convention des Nations-Unies contre la corruption, Merida, 9 déc. 2003, art. 42.5.

pas rare de voir des faits qualifiés par le PNF comme susceptibles de relever de la corruption active d'agent public étranger au sens de l'article 435-3 du Code pénal alors que juridiquement il s'agirait plutôt d'un trafic d'influence actif d'agent public étranger tel qu'incriminé à l'article 435-4 du même Code. Comme l'a souligné Frédéric Stasiak, « De prime abord, la distinction entre les deux infractions se fait aisément : le corruption est une relation de couple, dans laquelle une personne souhaite obtenir d'une autre qu'elle accomplisse, ou s'abstienne d'accomplir, un acte de sa fonction, tandis que le trafic d'influence tient davantage de la relation triangulaire, ou du ménage à trois, en appréhendant la situation dans laquelle une personne entend rémunérer un intermédiaire afin qu'il intercède en sa faveur auprès d'une administration »[81].

La CJIP conclue par Airbus en 2020 apporte une première illustration de cette confusion entre ces deux qualifications pénales[82]. Les faits qui ont consisté en des rémunérations d'intermédiaires commerciaux par l'avionneur français dans le cadre des campagnes de vente avec des compagnies aériennes de différentes nationalités, ont été considérés par

---

[81] F. Stasiak, Une incrimination attendue : le trafic d'influence actif auprès d'agents publics étrangers, p. 79, in : Brigant J.-M. (dir), Le risque de corruption, Dalloz, coll. Thèmes & Commentaires, 2018. Toutefois, il est permis de se demander si certaines fonctions, comme celles d'agent public ou de dirigeant social par exemple, n'induisent pas une influence, réelle ou supposée, auprès d'une autorité publique, générant alors de possibles conflits de qualifications entre le trafic d'influence et la corruption, en particulier lorsque celle-ci appréhende l'acte facilité par la fonction.

[82] CJIP, Airbus SE, 29 janv. 2020 : Lexbase Pénal 26 mars 2020, comm. F. Stasiak.

le PNF de recevoir la qualification de corruption active (art. 435-3 du Code pénal). Or, l'activité de ces intermédiaires qui étaient chargés de faire des propositions afin de convaincre les administrations pour la vente des avions relèvent davantage en réalité du trafic d'influence actif d'agents publics étrangers.

Une deuxième illustration est offerte par la CJIP conclue par la société Systra en 2021 relatif à l'obtention du marché d'ingénie du métro en Azerbaïdjan en 2009. Il a été retenu la qualification de corruption active d'un agent commercial également maître d'ouvrage pour la société publique du métro de Bakou qui disposait d'un accès au ministre de l'Économie azéri, ayant tutelle sur la société du métro. La qualification retenue ne résiste pas à un examen rigoureux qui penche en faveur du délit de trafic d'influence actif au sens de l'article 435-4 Code pénal[83]. Il en va de même pus récemment dans la CJIP conclue entre le PNF et les sociétés Technip Énergies qui a privilégié la qualification de corruption d'agent public étranger pour la rémunération d'un partenaire commercial qui disposait de contacts privilégiés avec le fils du président de Guinée équatoriale[84]. Pour ces différentes CJIP citées, ce « déraillement » des qualifications au mépris de l'interprétation stricte peut trouver une explication dans le fait que l'incrimination de trafic d'influence a été créée par la loi Sapin 2 de 2016 soit

---

[83] CJIP, Sté Systra, 13 juillet 2021 : Gaz. Pal. 14 sept. 2021, n°31, p. 42, comm. N. Catelan et L. Saenko.

[84] CJIP, Stés Technip Energies France et Technip UK, 22 juin 2023, § 33 et 34 : Lexbase Pénal déc. 2023, p. 33, comm. N. Catelan. Voir égal. CJIP, 28 nov. 2023, Groupes Seves & Sediver.

postérieurement aux faits visés par ces CJIP. La non-rétroactivité de la loi pénale plus sévère auraient donc conduit le Parquet a effectué « ce repli stratégique »[85].

Facilitation de la responsabilité pénale des personnes morales – Le second changement opéré sur le droit pénal par les différentes CJIP rendues consiste dans une facilitation de la responsabilité pénale des personnes morales qui résulte en pratique de la mise à l'écart des conditions légale d'engagement de celle-ci[86]. Aux termes de l'article 121-2 du Code pénal, les personnes morales sont responsables pénales des infractions commises, pour leur compte, par leurs organes ou représentants. Personnelle aux personnes morales, cette responsabilité pénale n'en demeure pas moins indirecte puisqu'elle repose sur un mécanisme d'imputation de l'infraction à l'un des organes ou représentants de celle-ci. Le respect de ces conditions a même conduit la Chambre criminelle de la Cour de cassation après une période d'égarement jurisprudentiel prônant une présomption d'imputation[87], a réaffirmé, la

[85] N. Catelan et L. Saenko, « Corruption d'agents public étrangers : le temps des CJIP », Gaz. Pal. 14 sept. 2021, n°31, p. 42.
[86] Comme l'on relever certains auteurs (N. Catelan et L. Saenko, La responsabilité pénale des personnes morales à l'épreuve de la convention judiciaire d'intérêt public, Gaz. Pal., 28 mars 2023, p. 68), on peut également constater un phénomène d'anticipation de la responsabilité pénale des personnes morales en matière de CJIP, notamment dans l'hypothèse de fusion-absorption (sur le revirement opéré : Cass. crim., 25 nov. 2020, n° 18-86.955) ou d'un simple rachat de titres (CJIP, 15 mai 2023, Guy Dauphin Environnement – mise en place d'un programme de conformité supportée par la société ayant racheté les titres d'une autre société mise en cause dans la CJIP).
[87] Cass. crim. 20 juin 2006, n° 05-85.255 : D. 2007. 617, note J.-C. Saint-Pau ; JCP G. 2006. II. 10199, note E. Dreyer; Dr. pénal 2006. 128,

nécessité d'identifier explicitement l'organe ou le représentant ayant commis l'infraction[88]. Toutefois, dans le cadre de la CJIP, la proposition du procureur de la République ne s'adresse qu'à la personne morale simplement « mise en cause »[89] pour un ou plusieurs délits de corruption ou de trafic d'influence. On relèvera au passage que la loi du 24 décembre 2020 a supprimé dans le cadre de l'instruction judiciaire, les références aux personnes morales « mises en examen » et devant « reconnaître les faits et accepter la qualification pénale retenue »[90]. De « responsabilité pénale », il n'en est pas question à propos des personnes morales, ni dans les dispositions de l'article 41-1-2 du CPP, ni dans les lignes directrices du PNF et rarement dans les CJIP ayant été conclues. Seule est la responsabilité pénale des représentants légaux d

L'affirmation du PNF selon laquelle « conformément à la loi, les qualifications pénales susceptibles d'être appliquées aux faits exposés sont présentées dans la convention »[91] conduit généralement à faire figurer les dispositions légales renvoyant aux textes d'incrimination et à celles relatives aux règles de complicité[92]. En revanche, rares sont les CJIP

---

obs. M. Véron; RSC 2006. 825, obs. Y. Mayaud ; Cass. crim., 25 juin 2008, n° 07-80.261 : Dr. pénal 2008, n° 140, obs. M. Véron.

[88] Crim. 11 avr. 2012, n° 10-86.974 P : D. 2012. 1381, note J.-C. Saint-Pau; JCP G. 2012, n° 740, note J.-H. Robert ; ibid. 2012. 2. 2220, obs. E. Dreyer; RSC 2012. 375, obs. Y. Mayaud.

[89] CPP, art. 41-1-2, I. al. 1er.

[90] L. n° 2020-1672 du 24 déc. 2020, relative au Parquet européen, à la justice environnementale et à la justice pénale spéciale – art. 180-2 CPP.

[91] PNF, Lignes directrices sur la mise en œuvre de la CJIP, 16 janv. 2023, § 2.3.2.

[92] Par ex., CJIP

qui mentionnent expressément l'article 121-2 du Code pénal alors qu'il est pourtant bien question de responsabilité pénale des personnes morales[93]. Dans la convention judiciaire conclue avec la société Guy Dauphin Environnement, il est stipulé que le Procureur de la République financier vise la qualification de « trafic d'influence actif par une personne morale au sens des articles 121-2 et 433-1 du Code pénal »[94]. Pourtant, à la lecture de cette CJIP, on ne trouve aucune trace des conditions d'engagement de la responsabilité pénale des personnes. A l'instar d'autres CJIP, l'imputation de l'infraction à un organe ou représentant est réellement écartée : « La SA GUY DAUPHIN conviait le président du Conseil général de l'Orne à déjeuner ou à dîner et l'invitait à un survol en hélicoptère du Mont-Blanc. Étaient par ailleurs envisagées sa nomination au conseil de surveillance de la SA ainsi que le financement de l'édition d'un livre »[95]. Si d'après les lignes directrices du PNF, la bonne foi de l'entreprise doit s'apprécier à l'aune de sa capacité à conduire une enquête interne permettant identifier les personnes physiques impliquées dans les faits et à les révéler au Parquet[96], elle ne conduit pas à en faire de même

[93] CJIP, Société Abanca Corporacion Bancaria, 23 mars 2023, § 14.

[94] CJIP, Guy Dauphin Environnement, 15 mai 2023, § 30 : Lexbase Pénal, déc. 2023, pan., obs. J.-M. Brigant.

[95] CJIP, Guy Dauphin Environnement, 15 mai 2023, § 25. On notera au passage que cette disposition de la CJIP fait démentir l'aphorisme attribué à Léon Duguit selon lequel : « Je n'ai jamais déjeuné avec une personne morale ».

[96] PNF, Lignes directrices sur la mise en œuvre de la CJIP, 16 janv. 2023, § 4.5.1 : « Sauf cas particulier qui ne lui serait pas défavorable, aucune personne physique n'est nommément désignée dans le texte de la CJIP ».

dans la convention elle-même afin de se conformer à l'exigence d'identification de l'organe ou du représentant formulée à l'article 121-2 du Code pénal.

Cette simplification dans la manière d'appréhender la responsabilité pénale des personnes morales se retrouve également dans la jurisprudence récente de la Chambre criminelle qui n'hésite plus à recourir à la « délégation de pouvoirs de fait »[97]. Cette volonté d'assouplissement des conditions de la responsabilité pénale des personnes morales trouve enfin un écho chez certains parlementaires qui ont déposé une proposition de loi en ce sens. Il est proposé l'introduction d'un nouvel alinéa à l'article 121-2 du Code pénal rédigé dans les termes suivants : « « Les personnes morales sont également responsables pénalement lorsque le défaut de surveillance de leur part a conduit à la commission d'une ou plusieurs infractions par l'un de leurs salariés »[98]. La CJIP, au travers de sa pratique mise en œuvre par le PNF et de son influence sur la jurisprudence criminelle, pourrait à terme conduire le législateur à consacrer une responsabilité pénale « directe » des personnes morales.

B. Les changements formels

Dénaturation de la prescription de l'action publique – La pratique de la CJIP rejaillit non seulement sur le droit

---

[97] Cass. crim., 27 févr. 2018, n° 17-81.457 ; Cass. crim., 7 janv. 2020, n° 18-87.027 ; Cass. crim., 16 juin 2021, n° 20-83.098.

[98] Gauvain ; O. Marleix, Proposition de loi visant à renforcer la lutte contre la corruption, AN, 19 octobre 2021, n°4586, art. 8.

pénal mais également sur certaines règles et mécanismes de procédure pénale. La lectures des dispositions de l'article 41-1-2 du CPP laisse entrevoir des relations classiques entre la CJIP et l'action publique, à l'instar de celles existantes en matière d'alternatives aux poursuites[99]. La proposition de CJIP par le Parquet peut ainsi intervenir à tout moment de l'enquête préliminaire[100] ou bien au cours de l'information judiciaire[101]. En cas d'échec de la CJIP (refus de validation par le tribunal, droit de rétraction exercé par la personne morale, inexécution ou exécution partielle des obligations par la mise en cause), le procureur de la République met en mouvement l'action publique, sauf élément nouveau[102]. Si la prescription de l'action est suspendue pendant l'exécution de la convention, elle est définitivement acquise par celle des différentes obligations prévues[103]. Néanmoins, la pratique de la CJIP se démarque de ces règles légales concernant la prescription de l'action publique sur deux points.

Le premier point, déjà abordé plus haut concernant les avantages de la CJIP[104], est relatif à la portée de l'extinction de l'action publique recommandée par le PNF dans ses lignes directrices. En effet, au-delà des faits visés dans la CJIP et « à titre exceptionnel, si en raison d'un comportement systémique, tous les faits délictueux de corruption ou de trafic d'influence n'ont pu être précisément

---

[99] Comp. CPP, art. 41-2 (composition pénale).

[100] CPP, art. 41-1-2, I.

[101] CPP, art. 180-2.

[102] CPP, art. 41-1-2, III.

[103] CPP, art. 41-1-2, IV.

[104] Cf. supra.

circonscrits au moment de la convention, il peut être prévu que la convention porte effet sur les faits de même nature commis sur un territoire et une période donnés découverts ultérieurement »[105]. Ainsi, des faits non connus à l'époque de la CJIP peuvent bénéficier de manière anticipée de l'extinction de l'action publique à condition qu'ils « n'aient pas été sciemment dissimulés au PNF par l'entreprise au cours des négociations »[106]. Ces exigences de droit souple permettent ainsi d'aller au-delà des dispositions du CPP relative à l'extinction de l'action publique.

Le second point concerne l'utilisation de la CJIP dans des affaires anciennes, conduisant ainsi à une extinction de l'action publique pour …des faits déjà prescrits. Cette étrange alchimie de la CJIP se retrouve dans plusieurs conventions judicaires d'intérêt public pour des faits qui, étant antérieurs à la réforme du 27 février 2017, se prescrivaient par trois années. Ainsi, dans la CJIP conclue par la société Systra, les faits de corruption active d'agents publics étrangers pour l'obtention du marché d'ingénierie du métro de Bakou en Azerbaïdjan remontent à mai 2009 alors que l'ouverture de l'enquête préliminaire d'une étrange alchimie de la CJIP par le PNF date du 1er juin 2017[107]. Un constat similaire peut être formulé dans la CJIP Airbus dans laquelle les faits reprochés à la société française débutent en 2004 alors que les investigations ont

---

105 PNF, Lignes directrices sur la mise en œuvre de la CJIP, 16 janv. 2023, § 4.3.

106 Ibid.

107 CJIP, Sté Systra, 13 juillet 2021 : Gaz. Pal. 14 sept. 2021, n°31, p. 42, comm. N. Catelan et L. Saenko.

été menées à partir de 2016.[108]. La société Doris Group SA a également conclue une CJIP pour des faits de corruption active au sens de l'article 435-3 du Code pénal commis en Angola à partir de l'année 2008 sur lesquels le PNF va mener une enquête préliminaire le 12 novembre 2019[109]. Enfin, il est possible de citer la CJIP signée par le Crédit Suisse en 2022 pour des faits de blanchiment aggravé de fraude fiscale et de démarchage bancaire et financier illégal, commis entre 2005 et 2012, les investigations du PNF n'ayant commencé qu'en 2016[110].

Cet effet paradoxal pourrait aisément être dissipé si les conventions judiciaires prenaient le temps et le soin de démontrer le caractère occulte ou dissimulé des agissements, permettant ainsi un éventuel report du point de départ du délai de prescription de l'action publique[111]. Mais c'est oublié que l'essentiel des développements dans une CJIP portent sur le calcul de l'amende d'intérêt public et non sur la caractérisation des délits visés qui ne sont que « susceptibles » d'être retenus selon l'expression du PNF. En outre, les coûts d'un procès pénal qui s'étire sur plusieurs années pour des faits qui pourraient en définitive ne pas être prescrits (en démontrant leur caractère occulte ou dissimulé) sont largement supérieurs à ceux résultant de la conclusion d'une CJIP (amende d'intérêt public, programme de mise en conformité). Comme soulignés dans

---

[108] CJIP, Airbus SE, 29 janv. 2020 : Lexbase Pénal 26 mars 2020, comm. F. Stasiak.

[109] CJIP, Doris Group SA, 7 juillet 2022.

[110] CJIP, Crédit Suisse AG, 24 oct. 2022.

[111] CPP, art. 9-1 (dans la limite du délai butoir).

les lignes directrices du PNF, le recours une CJIP présente un double intérêt (privé ;) pour la personne morale concernée : d'une part, une meilleure gestion de l'aléa financier de l'issue de la procédure judiciaire et d'autre part, une détermination affichée de rompre avec des pratiques antérieures, une adhésion à une résolution judiciaire pour solder son passé ainsi qu'un engagement dans une démarche préventive renforcée[112]. En définitive, la stratégie de l'entreprise en matière de CJIP consiste à minimiser le préjudice porté à sa réputation en faisant preuve de repentance et de transparence plutôt que sur le droit à l'oubli que lui confère l'extinction de l'action publique par l'effet de la prescription des faits commis.

Consécration de l'enquête interne – L'enquête interne anticorruption se définit comme « l'ensemble des investigations menées au sein d'une organisation, de sa propre initiative, afin d'objectiver des faits susceptibles de constituer des violations du code de conduite anticorruption pour les entreprises assujetties à l'article 17 de la loi Sapin 2, des comportements non conformes aux procédures de l'entreprise visant à prévenir ou à détecter la commission de telles violations ou des indices de la commission de faits susceptibles d'être qualifiés de corruption »[113]. Bien qu'absente des dispositions de l'article 41-1-2 du CPP, l'enquête interne joue un rôle important dans la pratique des CJIP qui ont également pour objectif de lutter contre la

---

[112] PNF, Lignes directrices sur la mise en œuvre de la CJIP, 16 janv. 2023, § 1.1.2.
[113] AFA et PNF, Enquêtes internes anticorruption, Guide pratique, mars 2023, p. 6.

corruption et le trafic d'influence. Comme l'indiquent les lignes directrices du PNF, le recours à l'enquête interne est souvent une étape préalable à la proposition d'une CJIP. Elle est d'ailleurs perçue comme un signe de coopération active qui sera pris en compte dans le calcul de l'amende d'intérêt public au titre des facteurs minorants. Selon le PNF, il est attendu de « la personne morale qu'elle ait activement participé à la manifestation de la vérité au moyen d'une enquête interne sur les faits, les personnes impliquées, et, le cas échéant, sur les dysfonctionnements du système de conformité qui en ont favorisé la commission »[114]. Cependant, les actes d'enquête interne ne doivent pas interférer avec le déroulement de l'enquête judiciaire, notamment concernant les entretiens avec les personnes physiques et l'accès aux informations numériques. Cette promotion de l'enquête interne a même conduit certains parlementaires à proposer de consacrer cette « enquête bis » au sein du Titre XXXIV du Livre IV du CPP, afin de de renforcer l'attractivité de la CJIP pour les sociétés. Cependant, cette proposition de loi ne conduit pas à encadrer l'enquête interne de manière générale, mais uniquement « lorsqu'une personne morale mise en cause pour un ou plusieurs délits diligente une enquête interne portant sur les mêmes faits »[115]. Elle « ne concerne pas les enquêtes internes diligentées par une personne morale en

[114] PNF, Lignes directrices sur la mise en œuvre de la CJIP, 16 janv. 2023, § 2.1.3.
[115] Proposition de loi visant à renforcer la lutte contre la corruption, enregistrée à la Présidence de l'Assemblée nationale le 19 octobre 2021, art. 7 (C. proc. pén., art. 706-183).

l'absence de toute procédure pénale »[116]. Cette exclusion est regrettable car elle ne permet pas de créer un statut général de l'enquête interne dont les dispositions auraient figuré dans la loi « Sapin 2 », quitte à moduler certaines garanties selon le cadre. Une personne morale pourrait avoir à composer avec les exigences de l'AFA pour l'enquête interne au titre de la loi « Sapin 2 » et celles du Code de procédure pénale dans la perspective d'une CJIP. Cette enquête interne menée en parallèle de la procédure pénale ne se limiterait pas aux infractions de corruption, le texte visant, de manière générale, « une personne mise en cause pour un ou plusieurs délits »[117]. L'encouragement du PNF et de l'AFA pour recourir à cette enquête interne pour mener des investigations permettant la CJIP pourrait à terme conduire à une marginalisation de l'enquête préliminaire. A l'éviction du procès pénal par la CJIP, se dessinerait progressivement celle de l'enquête de police par l'enquête dite interne qui permet aujourd'hui une préparation voire une sous-traitance des investigations …mais avec quelles garanties ?[118]

---

[116] CPP, art. 706-183 : « Lorsqu'une personne morale mise en cause pour un ou plusieurs délits diligente une enquête interne portant sur les mêmes faits, les règles et obligations prévues au présent titre s'appliquent à ladite enquête. La personne morale informe le procureur de la République ou le juge d'instruction de l'ouverture d'une enquête interne » (Le dispositif pourrait notamment s'appliquer aux atteintes à l'environnement pour lesquelles une CJIP est possible (CPP, art. 41-1-3).

[117] CPP, art. 706-184.

[118] J.-M. Brigant, « Proposition de loi visant à renforcer la lutte contre la corruption : un législateur en mode impressionniste », Lexbase Droit Pénal nov. 2021, p. 42-46.

Prononcé de la peine de confiscation : pour une césure du procès pénal

Matthieu HY
Avocat au Barreau de Paris
Ancien Secrétaire de la Conférence

Dès ses premières audiences, le jeune avocat pénaliste apprend à plaider la peine tout en sollicitant la relaxe, à ajouter un subsidiaire en essayant de ne pas en faire le tombeau de son principal. Le caractère presque contre-nature de l'exercice demeure néanmoins. Il apparaît avec éclat en matière de confiscations. Lorsque l'enjeu est important, le bien susceptible de faire l'objet d'une confiscation lors du jugement a été préalablement saisi pénalement de sorte qu'une décision sur son sort s'impose. Il ne s'agit pas seulement de convaincre le juge de ne pas prononcer une peine, celle de confiscation, il faut qu'il ordonne la restitution du bien préalablement saisi. A défaut, l'omission de statuer provoquera une éventuelle procédure distincte[1]. Comme toutes les peines, la confiscation est essentiellement facultative[2]. Ainsi, si la relaxe ou

---

[1] C.pr.pén., art.41-4 : « *[...] lorsqu[e] [...] la juridiction saisie a épuisé sa compétence sans avoir statué sur la restitution des objets placés sous main de justice, le procureur de la République ou le procureur général est compétent pour décider, d'office ou sur requête, de la restitution de ces objets lorsque la propriété n'en est pas sérieusement contestée* ».

[2] Crim., 27 mai 2015, n°14-84.086 ; Crim., 26 janvier 2022, n°21-81.052 ; à noter que l'alinéa 7 de l'article 131-21 du Code pénal prévoit la peine de confiscation obligatoire : « *La confiscation est obligatoire pour les objets qualifiés de dangereux ou nuisibles par la loi ou le règlement, ou dont la détention est illicite, que ces biens soient ou non la propriété du condamné* ».

l'acquittement conduit, sauf exceptions[3], à la restitution, la condamnation n'entraîne pas nécessairement la confiscation. Contrairement aux autres peines, la peine de confiscation renvoie à sept peines différentes, listées à l'article 131-21 du Code pénal : la confiscation de l'instrument de l'infraction[4] ; la confiscation de l'objet ou du produit de l'infraction[5] ; la confiscation dite spéciale[6] ; la confiscation reposant sur la présomption d'illicéité[7] ; la confiscation dite de patrimoine[8] ; la confiscation obligatoire[9] ; la confiscation en valeur[10]. Chaque type de confiscation suit des règles variées. La complexité de la matière est renforcée par le fait qu'un bien est souvent confiscable à plusieurs titres.

Au moment où la notion de césure émerge en procédure civile[11] et dans certains domaines de la procédure pénale[12],

---

[3] Les articles 373, alinéa 2 et 481, alinéa 3, du Code de procédure pénale offrent à la juridiction de jugement la possibilité de refuser la restitution « *lorsque celle-ci présente un danger pour les personnes ou les biens ou lorsque le bien saisi est l'instrument ou le produit direct ou indirect de l'infraction* ».

[4] C.pén., art.131-21, al.2.

[5] C.pén., art.131-21, al.3.

[6] C.pén., art.131-21, al.4.

[7] C.pén., art.131-21, al.5.

[8] C.pén., art.131-21, al.6.

[9] C.pén., art.131-21, al.7.

[10] C.pén., art.131-21, al.9. La confiscation en valeur est parfois présentée comme une modalité de confiscation plutôt que comme un septième type de confiscation.

[11] C.pr.civ. 807-1 s. créés par le décret n° 2023-686 du 29 juillet 2023 portant mesures favorisant le règlement amiable des litiges devant le tribunal judiciaire

[12] En particulier C.just.pén.min., art.L.521-1 s.

force est de constater qu'elle se révèlerait particulièrement adaptée à la peine de confiscation.

Le prononcé de la peine de confiscation dépend de trop de paramètres pour pouvoir être débattue en même temps que la culpabilité, de sorte que la césure aurait pour vertu de préserver les droits de la défense et le caractère véritablement contradictoire de la procédure (**I**). Loin de nuire à l'exigence d'efficience de la justice pénale, la césure permettrait le prononcé plus rapide d'une peine plus juste (**II**).

I – Une peine de confiscation conditionnée à de multiples paramètres

S'il est exact que la nature et le quantum de toute peine encourue dépendent de la qualification retenue, son influence demeure marginale et aisée à anticiper. Si des poursuites pénales pour escroquerie[13] et blanchiment[14] donnent lieu à une condamnation pour la première infraction seulement, les peines d'emprisonnement et d'amende encourues restent identiques. En revanche, la redoutable peine de confiscation de patrimoine, qui expose le condamné à la perte de l'intégralité de son patrimoine[15],

[13] L'escroquerie est punie de cinq ans d'emprisonnement et de 375.000 euros d'amende (C.pén., art.313-1, al.2).
[14] Le blanchiment est puni de cinq ans d'emprisonnement et de 375.000 euros d'amende (C.pén., art.324-1).
[15] C.pén., art.131-21, al.6 : « *[...] lorsque la loi qui réprime le crime ou le délit le prévoit, la confiscation peut aussi porter sur tout ou partie des biens appartenant au condamné ou, sous réserve des droits du*

ne serait plus légalement encourue du seul fait de la relaxe partielle[16]. Le passage de la grande à la petite association de malfaiteurs a le même effet[17].

De même, l'absence de déclaration de culpabilité sur une circonstance aggravante qui aurait pour effet d'abaisser le quantum de la peine d'emprisonnement encourue de cinq à trois ans pourrait avoir pour effet d'exclure la peine de confiscation reposant sur la présomption d'illicéité. En effet, l'alinéa 5 de l'article 131-21 du Code pénal ne s'applique qu'aux infractions punies d'au moins cinq d'emprisonnement et ayant procuré un profit direct ou indirect.

Naturellement, une relaxe partielle touchant une qualification ou même une circonstance aggravante peut faire perdre à un bien sa nature d'instrument de l'infraction

---

propriétaire de bonne foi, dont il a la libre disposition, quelle qu'en soit la nature, meubles ou immeubles, divis ou indivis ».

[16] La peine de confiscation de patrimoine, qui doit être prévu par le texte réprimant l'infraction, est encourue en matière de blanchiment (C.pén., art.324-7, 12°).

[17] C.pén., art.450-5 : « *Les personnes physiques et morales reconnues coupables des infractions prévues au deuxième alinéa de l'article 450-1 et à l'article 321-6-1 encourent également la peine complémentaire de confiscation de tout ou partie des biens leur appartenant ou, sous réserve des droits du propriétaire de bonne foi, dont elles ont la libre disposition, quelle qu'en soit la nature, meubles ou immeubles, divis ou indivis* ».

et interdire en conséquence sa confiscation sur le fondement de l'alinéa 2 de l'article 131-21 du Code pénal[18].

Enfin, compte-tenu du principe de légalité des peines[19], qui trouve fréquemment à s'appliquer en matière de confiscation en raison des récentes et nombreuses réformes ayant concerné cette peine[20], une relaxe partielle affectant uniquement la période de prévention peut modifier le nombre et la nature des peines de confiscations encourues.

S'agissant du quantum de la peine, cette question est particulièrement prégnante en matière de confiscation, en nature ou en valeur, du produit de l'infraction. D'une part, son calcul, y compris approximatif, peut nécessiter de connaître le périmètre de la condamnation. Ainsi est-il habituel qu'un prévenu poursuivi pour des infractions sérielles, telles que des vols dans des locaux d'habitation, soit renvoyé des fins de la poursuite sur une série de délits et condamné sur un autre. Seule la connaissance du résultat de ce travail de tri permettra de déterminer le produit de l'infraction et donc de savoir le quantum de la confiscation encourue sur le fondement des alinéas 3 et 9 de l'article 131-21 du Code pénal. D'autre part, le caractère parfois extrêmement technique de la détermination du produit de l'infraction mériterait un débat distinct de celui de la culpabilité pour les mêmes raisons que celles qui poussent les juridictions pénales à opérer des renvois sur intérêts

---

[18] Pour une illustration d'un bien considéré comme instrument de l'infraction alors qu'il n'a servi qu'à commettre la circonstance aggravante : Crim., 25 janvier 2023, n°22-83.997.

[19] C.pén., art.111-2 et 111-3.

[20] Pour un exemple récent : Crim. 15 novembre 2023, n°22-81.258.

civils. A ce titre, le produit de l'infraction peut correspondre au préjudice subi par la partie civile[21], ce qui rendrait opportun de débattre de la peine de confiscation lors de l'audience consacrée aux intérêts civils. Deux arrêts illustrent la technicité du calcul du produit de l'infraction, qui se définit comme « *l'avantage économique tiré de l'infraction* »[22]. Dans une affaire de favoritisme, la chambre criminelle de la Cour de cassation a jugé que cet avantage « *est équivalent au prix total du marché en cause duquel doivent être impérativement déduites les charges et dépenses directement imputables à l'exécution de ce marché comme, par exemple, le coût des salaires et des fournitures* » avant d'ajouter que « *les juges peuvent, par des motifs relevant de leur appréciation souveraine, ajouter à ce chiffrage, en fonction des éléments figurant au dossier ou qui leur sont fournis par les parties et le ministère public, l'ensemble des gains, directs ou indirects, attendus et découlant du marché comme, notamment, les éventuelles économies d'impôts, la valorisation de la trésorerie, de la continuation de l'entreprise, du maintien des emplois en lien avec l'attribution du marché ou de la possibilité de se porter candidat à d'autres marchés* »[23]. Dans une affaire de prise illégale d'intérêt, la Haute juridiction a estimé qu'en l'espèce, le produit de l'infraction correspondait « *au seul bénéfice issu de l'opération immobilière rendue possible par les agissements de son auteur, limité à l'accroissement de la valeur du bien en résultant, soit à la valeur actuelle*

[21] Crim., 18 décembre 2019, n°18-85.881.

[22] Crim., 5 mai 2021, n°20-86.529 ; Crim., 9 septembre 2020, n°18-84.619 ; Crim., 22 juin 2022, n°21-85.671.

[23] Crim., 22 juin 2022, n°21-85.671.

du bien déduction faite du prix d'acquisition du terrain et des travaux de construction réalisés »[24].

De la nature de la confiscation finalement retenue par le juge qui décide de prononcer cette peine dépendent la motivation exigée et les garanties qui peuvent, voire doivent, être invoquées par la défense. Si le débat ne peut être accompli, dans la mesure où la juridiction n'a pas à provoquer de débat contradictoire sur le fondement de la confiscation envisagée[25], séparer l'audience sur la culpabilité de celle sur la peine permettrait au moins au prévenu de prendre quelques précautions. Les exigences de motivations se révèlent variables en fonction du type de confiscation concernée. La confiscation de patrimoine[26] doit à la fois être motivée au regard des critères habituels de prononcé de la peine que sont les circonstances de l'infraction, la personnalité de son auteur et sa situation matérielle, familiale et sociale[27] et au regard du caractère proportionné de l'atteinte portée au droit de propriété du condamné, ce contrôle de proportionnalité étant réalisé d'office par la juridiction[28]. A l'inverse, la confiscation en nature de l'objet ou du produit de l'infraction échappe tant à l'exigence de motivation[29] qu'au contrôle de proportionnalité[30]. Diverses situations intermédiaires existent : l'obligation de motiver couplée à l'exclusion de

---

[24] Crim., 5 avril 2023, 21-86.676.
[25] Crim., 1er février 2023, n°22-81.085.
[26] C.pén., art.131-21, al.6.
[27] C.pén., art.132-1.
[28] Crim., 29 janvier 2020, n°17-83.577.
[29] En matière correctionnelle, C.pr.pén., art.485-1.
[30] Par ex. Crim., 29 janvier 2020 précité.

tout contrôle de proportionnalité en matière de confiscation en valeur de l'objet ou du produit de l'infraction[31] ; l'obligation de motiver couplée à un contrôle de proportionnalité réalisé uniquement sur invocation en matière de confiscation de l'instrument de l'infraction notamment[32].

II – Une césure au service de l'efficience du procès pénal

Contester tout ou partie des faits reprochés ne doit pas conduire à devoir renoncer à la défense rigoureuse qu'exige un débat sur la peine de confiscation. Tel serait, en résumé, l'intérêt de la césure pour le prévenu. Il s'agirait donc de discuter, dans un premier temps, la question de la culpabilité et, dans un second temps, si celle-ci est établie, la peine.

Si la césure vient au soutien des droits de la défense, ce qui suffit à la rendre légitime, elle pourrait participer à l'efficience de la justice pénale, contrairement à ce que pourrait supposer la nécessité d'organiser deux audiences distinctes.

En premier lieu, une audience consacrée à la seule question de la culpabilité épargnerait la durée des débats, réquisitions et plaidoiries sur la peine. En cas de relaxe totale, le procès ne comporterait qu'une seule phase,

---

[31] Crim., 19 avril 2023, n°22-82.994.
[32] Crim., 18 mars 2020, n°19-82.978.

nécessairement plus courte qu'un procès classique. En cas de relaxe partielle, la qualité des débats et donc *in fine* de la décision serait grandement accrue en raison d'échanges d'arguments qui tiendraient compte des seules qualifications pour lesquels le prévenu a été reconnu coupable. En cas de condamnation pour l'ensemble des chefs de prévention, l'audience sur la peine n'alourdirait pas nécessairement la charge de la Justice si l'on considère que, selon la théorie des vases communicants, elle serait soustraite de l'audience sur la culpabilité pour être ajoutée à l'audience sur les intérêts civils qui existe déjà dans les affaires d'une certaine ampleur.

En deuxième lieu, il n'est pas interdit d'envisager que l'audience sur la peine intervienne à juge unique après une décision collégiale sur la culpabilité.

En troisième lieu, à côté des procédures relatives à la convention judiciaire d'intérêt public (CJIP)[33] et à la comparution sur reconnaissance préalable de culpabilité (CRPC)[34], qui se sont adaptées péniblement à la tradition judiciaire française, la césure pourrait être l'occasion de permettre au prévenu qui reconnaît sa culpabilité, moyennant éventuellement une forme de négociation préalable avec le Ministère public sur les qualifications retenues, de ne faire l'objet que de l'audience sur la peine et les intérêts civils.

---

[33] C.pr.pén., art.41-1-2 et 41-1-3.

[34] C.pr.pén., art.495-7 s.

En quatrième lieu, l'audience sur la culpabilité pourrait être allégée de la présence des tiers propriétaires dont le bien risque d'être confisqué qui n'y ont pas leur place car ils ne plaident que le subsidiaire. En effet, l'intervention du tiers a peu d'intérêt en cas de relaxe dans la mesure où, à d'infimes exceptions près, la restitution du bien lui sera acquise. Son intervention consiste essentiellement à demander la restitution du bien saisi malgré la condamnation du prévenu. L'intérêt de la césure serait flagrant si les parquets ne violaient pas presque systématiquement leur obligation d'aviser les tiers propriétaires identifiés de l'audience de jugement[35]. Lorsque cette obligation sera respectée, l'intérêt que ceux-ci n'interviennent qu'à l'éventuelle audience sur la peine sera incontestable.

En cinquième et dernier lieu, la césure a l'avantage de constituer une forme de mise à l'épreuve qui peut se révéler particulièrement pertinente en matière de confiscations. A ce titre, deux types de césure sont révélatrices en matière pénale. Le prononcé de la peine peut être ajourné « *lorsqu'il apparaît que le reclassement du coupable est en voie d'être acquis, que le dommage causé est en voie d'être réparé et que le trouble résultant de l'infraction va cesser* »[36]. Si l'ajournement avec probation[37] ne constitue que l'une des quatre formes d'ajournement, force est de constater que l'ajournement simple consiste implicitement à mettre le

[35] En matière correctionnelle, C.pr.pén., art.D45-2-1.
[36] C.pén., art.132-60, al.1er.
[37] C.pr.pén., art. 132-63 s.

condamné à l'épreuve. En effet, les conditions susmentionnées démontrent que l'ajournement est pensé comme un prélude à une dispense de peine, soumise à des conditions comparables mais abouties : « *le reclassement du coupable est acquis, [...] le dommage causé est réparé et [...] le trouble résultant de l'infraction a cessé* »[38]. La même idée apparaît en matière de traitement de la délinquance des mineurs. Décrivant la césure, l'article L.521-9, alinéa 1er, du Code de la justice pénale des mineurs dispose que « *lorsqu'elle déclare un mineur coupable des faits qui lui sont reprochés, la juridiction ordonne l'ouverture d'une période de mise à l'épreuve éducative [...] et renvoie le prononcé de la sanction à une audience ultérieure* ». S'agissant des saisies pénales, la période séparant l'audience sur la culpabilité de l'audience sur la peine pourrait être l'occasion pour le condamné d'indemniser la victime ou de régler les impôts ou charges éludés. En effet, la tentation est forte, pour les juridictions de jugement, de prononcer des peines de confiscation destinées à garantir l'indemnisation des parties civiles ou à éviter l'enrichissement du fraudeur fiscal ou social qui devra pourtant se mettre en règle avec l'administration fiscale et l'URSSAF. Or, cela participe au caractère souvent disproportionné de la peine de confiscation qui s'ajoute en les doublant aux sommes dues par ailleurs. En effet, s'il est exact que la victime peut obtenir le paiement de ses dommages et intérêts et frais de justice sur les fonds confisqués ou la valeur liquidatives des biens confisqués relevant de la compétence de l'Agence de gestion et de

---

[38] C.pén., art.132-50, al.1er.

recouvrement des biens saisis et confisqués (AGRASC)[39], l'État se trouve subrogé dans les droits de la victime à concurrence des sommes versées[40]. Ainsi, pour garantir le paiement d'une somme octroyée à titre de dommages et intérêts, la juridiction peut être tentée de confisquer une somme du même montant, ce qui conduit nécessairement à condamner le prévenu au double de cette somme. En pratique, une telle répression n'est jamais constatée en matière d'amende. La césure pourrait alors être l'occasion pour le condamné de réparer le dommage causé par l'infraction afin d'augmenter ses chances de dissuader le juge de confisquer les biens saisis.

---

[39] C.pr.pén., art.706-164.

[40] C.pr.pén., art.706-164, al.5.

L'homologation en droit pénal : nature et juridiction

Mathieu MARTINELLE
Maître de conférences en droit privé et sciences criminelles
Pierre ESCHBACH
Doctorant contractuel en droit privé et sciences criminelles

L'évolution de l'office du juge. Les modes amiables dans la procédure contemporaine sont légion. La volonté des parties prend, de ce fait, une place de plus en plus importante en droit processuel. Toutefois, l'accord amiable conclu entre elles a vocation à être porté à la connaissance du juge judiciaire afin que celui-ci le valide ou l'homologue. Alors que la confidentialité de la transaction est ainsi écartée, l'ordonnance de validation ou d'homologation confère une portée supra-contractuelle à l'accord qui pourra être exécuté, parfois même avec le concours de la force publique. Présenté comme celui qui, classiquement, use de son *imperium* afin de trancher un litige, le juge judiciaire voit son office évoluer lorsqu'il est juge-validateur ou juge-homologateur.

La négociation en droit pénal. La matière pénale ne fait pas exception au développement des procédures négociées. Pratique contrenature pour certains, la réponse de l'autorité judiciaire est discutée entre la personne mise en cause et le Ministère public. Classiquement, le second propose alors au premier une sanction qui sera acceptée, avant d'être homologuée ou validée par le juge. Aujourd'hui[1], trois modalités procédurales correspondent à cette situation.

Il s'agit, en premier lieu, de la *composition pénale* telle qu'introduite par la loi du 23 juin 1999[2], codifiée à l'article 41-2 du Code de procédure pénale. Elle permet au procureur de la République, tant que l'action publique n'a pas été mise en mouvement, de proposer une ou plusieurs mesures à une personne physique ou morale qui reconnaît avoir commis un ou plusieurs délits punis d'une peine d'amende ou d'une peine d'emprisonnement d'une durée inférieure ou égale à 5 ans.

Il s'agit, en deuxième lieu, de la *comparution sur reconnaissance préalable de culpabilit*é (ci-après CRPC),

[1] Pour rappel, la loi du 15 août 2014 avait créé la transaction pénale (Loi n° 2014-896 du 15 août 2014 relative à l'individualisation des peines et renforçant l'efficacité des sanctions pénales, *JORF* n° 189 du 17 août 2014). Prévue à l'article 41-1-1 du Code de procédure pénale, cette alternative aux poursuites permettait au procureur de la République d'autoriser un officier de Police Judiciaire à transiger avec les personnes physiques et morales à propos de la poursuite de certaines infractions, limitativement énumérées par le Code. L'OPJ pouvait ainsi, tant que l'action publique n'avait pas été mise en mouvement, faire une proposition de transaction à l'auteur des faits en fixant une amende transactionnelle dont le montant ne pouvait pas excéder le tiers du montant de l'amende encourue. Une fois cette proposition acceptée par la personne mise en cause, la transaction était homologuée par le juge. Cette alternative aux poursuites a été supprimée par la loi du 23 mars 2019 (Loi n° 2019-222 du 23 mars 2019 de programmation 2018-2022 et de réforme pour la justice, *JORF* n° 71 du 24 mars 2019).
[2] Loi n° 99-515 du 23 juin 1999 renforçant l'efficacité de la procédure pénale, *JORF* n° 0144 du 24 juin 1999.

créée par la loi du 9 mars 2004[3] et prévue aux articles 495-7 et suivants du Code de procédure pénale. Le procureur de la République peut recourir à cette procédure à l'égard de toute personne majeure déférée devant lui, sous réserve que cette dernière reconnaisse les faits qui lui sont reprochés. Initialement réservée aux délits punis, à titre de peine principale, d'une amende ou d'une peine d'emprisonnement d'une durée inférieure ou égale à 5 ans, la CRPC a été étendue par la loi du 13 décembre 2011[4] à tous les délits, à l'exception de ceux mentionnés à l'article 495-16 du Code de procédure pénale[5].

Enfin, et en troisième lieu, il s'agit de la *convention judiciaire d'intérêt public* (ci-après CJIP)[6]. Cette dernière permet, en application des articles 41-1-2 du Code de procédure pénale, à une personne morale mise en cause dans le cadre d'une atteinte à la probité ou à l'environnement, de conclure un accord avec l'autorité de poursuites[7]. Sans que sa culpabilité ne soit judiciairement

---

[3] Loi n° 2004-204 du 9 mars 2004 portant adaptation de la justice aux évolutions de la criminalité, *JORF* n° 59 du 10 mars 2004.

[4] Loi n° 2011-1862 du 13 décembre 2011 relative à la répartition des contentieux et à l'allègement de certaines procédures juridictionnelles, *JORF* n° 0289 du 14 décembre 2011.

[5] C'est-à-dire les délits de presse, les délits d'homicides involontaires, les délits politiques, ainsi que les délits d'atteintes volontaires et involontaires à l'intégrité des personnes et d'agressions sexuelles lorsqu'ils sont punis d'une peine d'emprisonnement d'une durée supérieure à 5 ans.

[6] Loi n° 2016-1691 du 9 décembre 2016 relative à la transparence, à la lutte contre la corruption et à la modernisation de la vie économique, *JORF* n° 0287 du 10 décembre 2016.

[7] Renvoyer à la contribution de J.-M. BRIGANT.

appréciée, la mise en cause s'engage à verser une amende d'intérêt public, à se soumettre à un programme de mise en conformité et à réparer les dommages causés.

La place du juge. La place du juge-validateur ou juge-homologateur dépend du type de procédure en cause : composition pénale, CRPC ou CJIP.

De prime abord, le Code de procédure pénale convient de cette place en distinguant *l'homologation* en matière de CRPC, de la *validation* en cas de composition pénale et de CJIP. Cette distinction s'explique au regard de la nature de la mesure. En effet, la composition pénale et la CJIP sont des alternatives aux poursuites[8], alors que la CRPC est une alternative au jugement. Ainsi, si les premières ne conduisent pas à la reconnaissance de la culpabilité de la personne mise en cause (et donne lieu à *validation*), la seconde (donnant lieu à *homologation*) ne fait que déroger au principe du jugement (ordinaire) par le Tribunal correctionnel et donne lieu à une déclaration de culpabilité.

Toutefois, la distinction entre l'homologation et la validation ne saurait être considérée comme d'importance majeure. En effet, peu de conséquences procédurales semblent pouvoir en être tirées. Le juge compétent en matière d'homologation et de validation est toujours identique : il s'agit du président du Tribunal judiciaire (ou de son délégué). De la même manière, les critères fixés par

[8] Bien qu'il soit possible de recourir à une CJIP après la mise en mouvement de l'action publique, l'article 180-2 du Code de procédure pénale ne distingue pas le régime applicable, si bien que la CJIP conserve la qualité d'alternative aux poursuites.

le code de procédure pénale afin d'homologuer ou valider l'accord n'en dépendent guère : les mêmes éléments sont pris en compte en matière de CRPC (donnant lieu à homologation) et de composition pénale (donnant lieu à validation), alors qu'ils sont distincts en matière de CJIP (donnant lieu à validation).

En somme, la question de la place du juge est soumise à une difficulté sémantique résultant de l'emploi de deux termes validation et homologation, sans pouvoir en tirer des conséquences procédurales claires et précises[9].

Quid de la nature de l'homologation par le juge judiciaire. Nonobstant les difficultés sémantiques, la pratique de l'homologation par le juge judiciaire est devenue courante. Les réformes usent de cette voie afin de répondre rapidement, efficacement et à moindre coût à l'atteinte causée à l'ordre social. Longtemps réservée aux seules infractions de moindre ampleur, la justice négociée et homologuée se développe. Elle concerne dorénavant des infractions graves et complexes notamment au regard de leur caractérisation, cette dernière étant subordonnée à la charge de la preuve reposant exclusivement sur l'autorité de poursuite, soumis au renversement de la présomption d'innocence.

[9] De ce fait, les suites de la présente contribution ne distingueront plus nécessairement homologation et validation, un terme étant utilisé pour l'autre.

Si l'enjeu pratique de l'homologation par le juge judiciaire peut d'évidence être qualifié de « majeur », la nature de ses principales modalités reste à déterminer. Qu'il s'agisse de la CRPC, de la CJIP ou de la composition pénale, ces procédures supposent la saisine d'un juge afin qu'il rende une ordonnance d'homologation. Parce que cette dernière a pour résultat l'exécution de sanctions répressives, elle intervient en lieu et place du jugement pénal. Est-ce à dire que l'ordonnance d'homologation est un acte juridictionnel, à l'instar du jugement pénal ? Si le législateur n'y répond pas expressément, tout porte à croire que la réponse affirmative s'impose (I). Toutefois, l'assimilation se limite à la nature de la décision judiciaire ; le juge de l'homologation ne saurait être considéré comme une émanation de la juridiction de jugement, dont il n'est toutefois pas un simple pis-aller. Alors, la relative unicité des procédures négociées et homologuées invite à les repenser à l'aune d'une juridiction *ad hoc* aux fins d'homologation (II).

I. L'ordonnance d'homologation : un acte juridictionnel

Quid de la nature de la décision d'homologation. L'étude de la nature de la décision rendu par le juge-homologateur dépend du type de procédure dont il est question, distinguant d'une part le cadre de l'alternative au jugement (CPRC) et d'autre part des alternatives aux poursuites (composition pénale et CJIP).

Concernant la CRPC, le législateur et le Conseil constitutionnel ont fixé la situation. Alors qu'aux termes de l'article 495-11 du Code de procédure pénale, l'ordonnance d'homologation d'une CRPC « a les effets d'un jugement de condamnation », le Conseil constitutionnel a précisé qu'elle était une « décision juridictionnelle »[10]. Ainsi, qualifier l'ordonnance d'homologation de la CRPC n'est en rien étonnant, d'autant qu'il s'agit là d'une alternative au jugement traditionnel[11].

Concernant la CJIP et la composition pénale, la question de la nature des décisions de validation retrouve un intérêt premier. Dès lors qu'il s'agit d'alternatives aux poursuites, ces actes ne sauraient emprunter la nature de ceux rendus à l'occasion d'une alternative au jugement. Si l'inconnue demeure, une précision est néanmoins apportée sur ce point par une circulaire de 2001, décrivant l'ordonnance rendue par le juge comme une décision *sui generis*[12]. *A contrario*, cette indication – dont la valeur de la source est à relativiser – permet de retenir que les ordonnances rendues dans le cadre d'une CJIP et d'une composition pénale ne seraient donc pas des actes juridictionnels. Ce premier a priori se confirme, d'une part, au regard du contrôle qui était opéré

[10] Cons. const., 2 mars 2004, n° 2004-492 DC : *RSC*, 15 sept. 2004, p. 725, note C. Lazerges ; *D.*, 1 avr. 2004, p. 956, note M. Dobkine.
[11] Au sein du code de procédure pénale, la section « De la comparution sur reconnaissance préalable de culpabilité » est insérée au sein du chapitre « Du tribunal correctionnel ».
[12] Circulaire du 11 juillet 2001 relative à la présentation des dispositions concernant la composition pénale issues de la loi du 23 juin 1999 renforçant l'efficacité de la procédure pénale et du décret du 29 janvier 2001, CRIM 01-14 / F1. 11/07/01.

par le juge dans le cadre de la composition pénale. A sa création[13], l'article 41-2 du Code de procédure pénale permettait tout au plus au juge d'auditionner le mis en cause et la victime[14] : aucun contrôle, au sens strict du terme, n'était réalisé[15]. De la même façon et d'autre part, les ordonnances de validation rendues dans le cadre d'une composition pénale et d'une CJIP ont ceci de particulier qu'elles ne disposent pas de la force exécutoire. Aucune modalité relative à l'exécution forcée de l'accord, même validé, ne peut être mise en œuvre lorsque le mis en cause n'exécute pas ses obligations, à charge pour lui d'en assumer les (autres) conséquences procédurales afférentes à l'action publique.

Des critères doctrinaux. Face à ces premiers constats rapides conduisant à ne pas attribuer la qualité d'acte juridictionnel aux ordonnances de validation rendues dans le cadre d'une composition pénale ou d'une CJIP, les débats doctrinaux relatifs au concept d'acte juridictionnel lui-même ressurgissent. Sur ce point, rappelons que, abandonnant la recherche d'une définition exacte, la

---

[13] Notons que, depuis, le contrôle opéré dans le cadre d'une composition pénale a été précisé.

[14] Art. 1 de la loi n° 99-515 du 23 juin 1999 renforçant l'efficacité de la procédure pénale, *JORF* n° 144 du 24 juin 1999.

[15] V. not. : E. Peketi, *L'homologation judiciaire des actes juridiques. L'impossible théorie générale*, Mare & Martin, coll. « Bibliothèque des thèses », 2020, p. 244, n° 260 ; A. Rouyère, « Juger de la légalité et juger de l'opportunité », *in* B. Defoort et B. Lavergne (dir.), *Juger de la légalité administrative. Quel(s) juge(s) pour quelle(s) légalité(s) ?*, LexisNexis, 2021 ; *Contra :* T. Goujon-Bethan, *L'homologation par le juge. Essai sur une fonction juridictionnelle*, LGDJ, « Bibliothèque de droit privé », 2021, p. 342, n° 474 : l'auteur critique l'idée d'un contrôle d'opportunité qu'il qualifie de « mythe ».

doctrine processualiste considère qu'un acte est juridictionnel lorsque deux critères sont présents, sans que chacun d'eux ne soit absolument nécessaire[16].

Le premier critère est dit « formel », puisqu'il repose sur la méthode au terme de laquelle l'acte est rendu. Soutenu par Carré de Malberg, notamment, ce critère se subdivise entre, d'une part, un critère organique nécessitant que l'acte soit rendu par un tribunal indépendant et impartial, et d'autre part, une critère procédural caractérisé au regard des normes particulières animant la procédure. Le second critère est dit « matériel » et impose l'existence d'une contestation, d'un litige et d'une finalité particulière de l'acte. Si certains auteurs ont pu considérer que l'acte juridictionnel se caractérisait également par l'autorité de chose jugée attachée à l'acte, la majeure partie de la doctrine – à laquelle nous souscrivons – estime qu'une telle affirmation revient à opérer une confusion entre l'acte et ses effets : c'est parce que l'acte est juridictionnel qu'il dispose d'une autorité particulière, et non l'inverse.

Homologation et *Juridictio*. Appliquant ces critères doctrinaux, les différences entre le jugement correctionnel classique et l'ordonnance rendue à la suite d'une CJIP, d'une composition pénale et d'une CRPC sont évidentes.

---

[16] V. not. : J. Héron, T. Le Bars et K. Salhi, *Droit judiciaire privé*, LGDJ, coll. « Précis Domat », 2019, 7e éd., p. 277, n° 330 ; H. Motulsky, *Droit processuel*, textes recueillis par M.-M. Capel, Montchrestien, 1973, pp. 15-17 ; E. Jeuland et L. Veyre, *Institutions juridictionnelles*, PUF, coll. « Thémis droit », 2021, p. 47, n° 54 ; J.-L. Bergel, *Théorie générale du droit*, Dalloz, coll. « Méthodes du droit », 2012, 5° éd., p. 353, n° 282.

Le juge-homologateur ne serait qu'un « juge-tampon »[17], disposant d'un office réduit à la portion congrue ; à l'inverse, le juge siégeant dans une formation de jugement dispose d'un office extrêmement important.

Pour autant, si l'office des juges de jugement et d'homologation sont manifestement différents, cela ne signifie pas, *ipso facto*, que la décision rendue par le juge-homologateur est nécessairement non-juridictionnel. Sur ce point, peut-on alors remarquer que l'office du juge de l'homologation est proche de celui du juge civil. Ce dernier est lié par le principe-dispositif[18] et ne peut statuer *infra petita* ou *ultra petita*. Or, lorsqu'il est saisi aux fins d'homologation, le juge est soumis par les termes de l'acte et il ne dispose d'aucun pouvoir de réformation. Néanmoins, et à la différence du juge civil, le juge de l'homologation n'a pas à restituer la qualification exacte aux faits dont il est saisi. Contraint par l'impossibilité de réformer l'acte, la seule possibilité dont dispose le juge-homologateur est de rejeter la requête lorsqu'il est en désaccord avec la qualification des faits retenue par les parties ou avec les sanctions décidées par les parties.

---

[17] V. not. : C. Ingrain et P. Mallet, « Homologation d'une CRPC : la fin de l'ère du juge-tampon », *AJ pén.*, 25 juin 2021, p. 317 ; J.-M. Décugis, P. Guéna et M. Leplongeon, *Ministère de l'injustice Une enquête dans les coulisses, des ors de la place Vendôme aux tribunaux à bout de souffle*, Bernard Grasset, 2022, p. 65 : rapportant les propos de Isabelle Prévost-Desprez, juge saisie de la validation de la CJIP et de la CRPC dans l'affaire Bolloré, qui se disait « […] choquée qu'on puisse considérer le juge comme une simple chambre d'enregistrement ».

[18] E. Peketi, *L'homologation judiciaire des actes juridiques. L'impossible théorie générale*, Mare & Martin, coll. « Bibliothèque des thèses », 2020, p.183, n° 185.

Ainsi, le juge de l'homologation n'est assimilable ni à un juge pénal, ni à un juge civil. Pour autant, il doit opérer un contrôle au regard des conditions posées par le législateur. Ce faisant, l'ordonnance d'homologation est un acte par lequel le juge constate une situation, constituant pour certains auteurs le critère principal de l'acte juridictionnel[19]. Par cette constatation, le juge fait œuvre de *jurisdictio*[20], entendue comme le « pouvoir de dire le droit dévolu à un organe que le justiciable reconnaît comme une tierce autorité, comme *auctoritas* »[21]. Cependant, s'il en est un critère majeur, la constatation n'est pas uniquement ce qui fait l'acte juridictionnel. Ainsi, la constatation se double d'une force de vérité légale, sans quoi l'acte ne peut être qualifié de juridictionnel. Ce critère de force de vérité légale, animé par Jèse et se retrouvant chez Duguit, conduit à estimer que l'acte juridictionnel se caractérise par la saisine d'un agent public d'une prétention pour qu'il résolve une question de droit et constate l'atteinte à un droit. L'une des difficultés, relevée notamment par Vizioz, est que la définition de l'acte juridictionnel se heurte alors à la définition de la force de vérité légale[22]. De plus, caractériser l'acte juridictionnel par la force de vérité légale revient à confondre l'acte et ses effets. Malgré cela, les analyses de

---

[19] V. not. : G. Jèze, « L'acte juridictionnel et la classification des recours contentieux », *loc. cit.*

[20] T. Goujon-Bethan, *L'homologation par le juge. Essai sur une fonction juridictionnelle*, *op. cit.*, n° 542, p. 395.

[21] R. Laher, *Imperium et jurisdictio en droit judiciaire privé*, Mare & Martin, coll. « Bibliothèque des thèses », 2016, p. 459, n° 279.

[22] H. Vizioz, *Études de procédure*, Dalloz, coll. « Bibliothèque Dalloz », 1956, rééd. 2011, p. 77.

Jèze et de Duguit démontrent la constance du critère lié à la présence d'un tiers saisi afin de répondre à une question juridique par la constatation. Saisi aux fins d'homologation, le juge ferait donc œuvre de *jurisdictio*, et ce bien qu'il ne dispose pas de son office habituel.

Homologation et *Imperium*. L'étude de la notion d'acte juridictionnel ne peut se faire sans l'examen approfondi de l'*imperium* en ce qu'il est le soutien de la *jurisdictio*[23]. L'ordonnance d'homologation interroge quant à l'*imperium* dès lors que certaines n'ont aucune force exécutoire quand d'autres en disposent. Concernant l'ordonnance d'homologation d'une CRPC, l'*imperium* du juge est incontestable puisque, disposant des effets d'un jugement, elle a force exécutoire. En revanche, l'ordonnance validant une CJIP ou une composition pénale ne permet pas d'obtenir l'exécution forcée des obligations consenties par le mis en cause. Cette absence de force exécutoire interroge lorsqu'il s'agit de qualifier l'ordonnance d'acte juridictionnel, notamment en droit pénal où l'*imperium* règne du fait du monopole de la violence légitime dont l'État dispose.

Sur ce point, nous reprenons la thèse du professeur Laher qui distingue l'*imperium merum* de l'*imperium mixtum*. Le premier (*imperium merum*) est entendu comme un « pouvoir personnel de contrainte pur [...]. Il s'exprime non seulement par l'ordre hiérarchique de recours à la force [...]

---

[23] R. Laher, *Imperium et jurisdictio en droit judiciaire privé*, *op. cit.*, p. 465.

mais également par l'exercice direct de cette force »[24], alors que le second (*imperium mixtum*) est défini comme un « pouvoir personnel de contrainte mixte [...]. Il s'exprime par le commandement, l'interdiction ou l'autorisation adressée à un justiciable ». Si l'*imperium mixtum* suppose une contrainte et un pouvoir du juge, cette contrainte peut être simplement comminatoire. En effet, « la dimension psychologique de l'*imperium* découle non seulement de l'autorité de l'ordre mais également de la crainte de la menace »[25]. Si les ordonnances de validation n'ont pas de force exécutoire (et sont donc dépourvues d'*imperium merum*), elles s'inscrivent dans une forme de contrainte comminatoire : elles sont donc pourvues d'*imperium mixtum*. Le mis en cause sait que l'action publique sera probablement mise en mouvement s'il n'exécute pas les obligations auxquelles il a lui-même souscrit. Cette conséquence est connue puisque, d'une part, le législateur le précise expressément[26] et, d'autre part, car les ordonnances rendues par le juge de l'homologation

---

[24] *Ibid.*, p. 459, n° 279.

[25] *Ibid.*, p. 387, n° 233.

[26] Pour la composition pénale, v. art. 41-2 C. proc. pén. : « Si la personne n'accepte pas la composition pénale ou si, après avoir donné son accord, elle n'exécute pas intégralement les mesures décidées, le procureur de la République met en mouvement l'action publique, sauf élément nouveau » ; Pour la CJIP, v. art. 41-1-2 C. proc. pén. : « Si la personne morale mise en cause décide d'exercer son droit de rétractation ou si, dans le délai prévu par la convention, la personne morale mise en cause ne justifie pas de l'exécution intégrale des obligations prévues, le procureur de la République met en mouvement l'action publique, sauf élément nouveau ».

rappellent que l'extinction de l'action publique est conditionnée à l'exécution des obligations consenties[27].

L'ordonnance d'homologation : un acte juridictionnel, pas comme les autres. Partant, les différences réelles entre l'ordonnance d'homologation et le jugement ne doivent pas empêcher d'y voir, à l'égard de l'un comme de l'autre, un acte juridictionnel. L'ordonnance d'homologation est décidée par un juge, au terme d'une procédure propre par laquelle le juge dit le droit en constatant l'existence d'un litige et permet, voire ordonne, l'extinction de ce dernier, caractérisant ainsi un acte juridictionnel. Alors que certaines procédures dites transactionnelles ne nécessitent aucun contrôle juridictionnel, les procédures étudiées supposent un contrôle par le juge judiciaire, démontrant l'importance que peut accorder le législateur à l'intervention d'un magistrat indépendant lorsque les faits le nécessitent. Dès lors, les ordonnances d'homologation se présentent comme des actes à mi-chemin entre, d'une part, les procédures purement transactionnelles ne nécessitant aucun contrôle juridictionnel et, d'autre part, le jugement pénal. Si spéciales soient elles, il s'agit néanmoins d'un acte juridictionnel.

---

[27] Le professeur Laher précise que « l'action en justice n'est pas une contrainte ». Néanmoins, cette précision s'inscrit dans le champ d'étude du droit judiciaire privé, ne prenant donc pas en compte les conséquences d'une possible mise en mouvement de l'action publique, notamment au sein des procédures nécessitant la collaboration du mis en cause.

II. Le juge de l'homologation : une juridiction *ad hoc*

Une nature juridictionnelle. Puisque l'ordonnance d'homologation est un acte juridictionnel, le juge saisi aux fins d'homologation peut rapidement se fondre dans l'existence de la juridiction à laquelle il est censé se substituer. Ce risque est réel lorsque la procédure est une CRPC. Les dispositions du Code de procédure pénale précisant les modalités de mise en œuvre de la CRPC ont été insérées dans le chapitre « Du tribunal correctionnel ». En conséquence, le juge saisi d'une CRPC semble revêtu des habits du tribunal correctionnel.

Pourtant, la différence entre le juge de l'homologation et le tribunal correctionnel est patente. Elle ne peut se résumer à affirmer par postulat que juge de l'homologation et tribunal correctionnel ne seraient qu'une seule et même juridiction. Parce que leurs offices sont différents, se pose la question de la confusion ou de la distinction entre juridiction correctionnelle et juge de l'homologation. Ce dernier n'est-il qu'une émanation d'une formation du tribunal correctionnel (comme le serait la distinction entre juge unique et formation collégiale du tribunal correctionnel) ou est-il une juridiction strictement distincte du tribunal correctionnel ?

Composition pénale et CJIP – des procédures juridictionnelles. Depuis plus de deux décennies, le législateur a développé des procédures dites de troisième voie. L'objectif est de permettre au ministère public de disposer d'une option à mi-chemin entre l'absence totale de réponse par un classement sans suite et la saisine d'une juridiction de jugement. Or, au sein de ces différentes procédures, certaines se distinguent par la nécessité qu'un juge intervienne. Cette obligation fut précisée par le Conseil constitutionnel lorsqu'il contrôlait l'injonction pénale, cette dernière permettant au ministère public de sanctionner le mis en cause, notamment par une amende, l'exécution d'un travail d'intérêt général ou encore par une confiscation, et ce sans l'intervention d'un magistrat du siège[28]. En raison de cette absence, le Conseil constitutionnel prononça la censure. Arguant du caractère répressif des sanctions, il précisa que « le prononcé et l'exécution de telles mesures, même avec l'accord de la personne susceptible d'être pénalement poursuivie, ne peuvent, s'agissant de la répression de délits de droit commun, intervenir à la seule diligence d'une autorité chargée de l'action publique mais requièrent la décision d'une autorité de jugement conformément aux exigences constitutionnelles ci-dessus rappelées »[29].

Bien que la troisième voie soit par principe possible, elle ne saurait permettre au ministère public de s'affranchir des principes fondamentaux. Plus particulièrement, le principe de séparation des autorités de poursuite et de jugement se présente comme l'une des limites principales à la volonté

---

[28] Loi n° 95-125 du 8 février 1995 relative à l'organisation des juridictions et à la procédure civile, pénale et administrative, JORF n° 34 du 9 février 1995.

[29] Cons. const., 2 févr. 1995, n° 95-360 DC, n° 6 : *JCP G*, 19 juill. 1995, I 3862, étu. F. Le Gunehec ; *D.*, 22 juin 1995, p. 171, note J. Pradel.

du législateur de développer (abusivement ?) cette troisième voie. Les procédures de composition pénale et de CJIP sont issues de cette conciliation entre l'efficacité de la justice pénale et les droits fondamentaux. Puisqu'elles permettent l'infliction de sanctions répressives pouvant porter atteinte à la liberté individuelle, la composition pénale et la CJIP nécessitent l'intervention d'un juge[30]. Elles se présentent alors comme les seules alternatives aux poursuites dont la réussite est conditionnée à l'édiction d'un acte juridictionnel.

Des alternatives au tribunal correctionnel. Puisque le législateur a fait de la CJIP et de la composition pénale une alternative aux poursuites, il n'a pas été question d'opérer une confusion entre l'ordonnance d'homologation et un jugement du tribunal correctionnel. Néanmoins, les liens entre ce dernier et le juge saisi aux fins d'homologation est évident puisque ces procédures ont vocation à apporter une réponse pénale sans saisir pour autant le tribunal correctionnel. Cela est d'autant plus vrai en ce qui concerne la CJIP puisqu'il est possible d'y recourir après mise en mouvement de l'action publique par un réquisitoire introductif ou une plainte avec constitution de partie civile[31]. Bien qu'étant une alternative aux poursuites, le renvoi possible de la personne morale à l'issue d'une

[30] L'affirmation est à nuancer concernant la composition pénale puisque la saisine d'un juge n'est plus obligatoire dès lors que le montant de la sanction patrimoniale (amende de composition ou confiscation) n'est pas supérieur à 3 000 euros. V. art. 59 de la loi n° 2019-222 du 23 mars 2019 de programmation 2018-2022 et de réforme pour la justice, *JORF* n° 71 du 24 mars 2019.

[31] Art. 180-2, C. proc. pén.

instruction rapproche la CJIP de la CRPC, cette dernière étant une alternative au jugement supposant toujours la mise en mouvement de l'action publique. Si elles ne sont pas de même nature, la mise en œuvre d'une CJIP et d'une CRPC à l'issue d'une instruction semble être identique. Aux yeux du législateur, le juge de l'homologation peut donc se présenter comme une alternative crédible et pertinente au renvoi devant le tribunal correctionnel. Précisons que cette option ne concerne que le juge de l'homologation d'une CRPC ou d'une CJIP. Le juge d'instruction ne peut clore son instruction par un renvoi aux fins de mise en œuvre d'une composition pénale. L'exclusion se comprend aisément. La composition pénale a vocation à s'appliquer à des délits peu complexes. Or, l'instruction étant facultative en matière délictuelle, le ministère public ne saisit un juge d'instruction qu'en cas d'infractions complexes et présentant un certain degré de gravité. La simplicité des faits auxquels doit s'appliquer la composition pénale s'oppose à la complexité des faits conduisant le ministère public à saisir un juge d'instruction. Malgré cette exception, la composition pénale, la CJIP et la CRPC sont des alternatives au jugement de la quasi-totalité des délits par le tribunal correctionnel.

Distinction du juge homologuant une CRPC et du juge correctionnel. Comme cela a pu être précisé, le code de procédure pénale dispose que l'ordonnance d'homologation a « les effets d'un jugement de condamnation ». Néanmoins, « assimilation » ne signifie pas « même nature », bien au contraire. Puisque le législateur doit préciser que l'ordonnance a les effets d'un jugement, il est possible d'en conclure *a contrario* que l'ordonnance d'homologation n'est pas, par nature, un jugement. Si tel était le cas, l'intervention du législateur n'aurait pas été utile, d'autant que celle-ci vise expressément les seuls effets.

Cette différence entre tribunal correctionnel et juge de l'homologation est confirmée par la jurisprudence. En effet, la Cour de cassation a déjà précisé qu'une ordonnance d'homologation n'est pas un jugement de condamnation prononcé par le tribunal correctionnel[32]. Dans le même sens, saisie dans le cadre d'une demande d'avis[33], la Haute cour a indiqué que le juge de l'homologation ne se confond pas avec le tribunal correctionnel en ce qu'il ne peut renvoyer la partie civile sur ses seuls intérêts civils devant le Tribunal correctionnel. Par ces deux arrêts, la Cour affirme que le juge de l'homologation ne se confond pas avec le tribunal correctionnel, pas plus que l'ordonnance d'homologation ne se confond avec un jugement de

[32] Crim., 6 juin 2023, n° 22-86.165 : *D. act.*, 4 juill. 2023, obs. A. Roques.

[33] Crim., 5 sept. 2023, n° 23-96.001 : *D. act.*, 9 oct. 2023, obs. D. Goetz. Dans le cadre de cette demande d'avis, la question était posée en ces termes : « Le juge homologateur d'une comparution sur reconnaissance préalable de culpabilité est-il la même juridiction que le tribunal correctionnel […] ou bien, est-il une juridiction distincte ? ». La demande d'avis repose clairement sur l'éventuelle distinction entre tribunal correctionnel et juge de l'homologation. Y répondant, la Cour de cassation n'affirme pas explicitement la distinction entre ces deux formations mais elle précise que « dans l'hypothèse où la victime se constitue partie civile […] mais que le juge n'est pas en mesure de statuer sur la demande de réparation du préjudice, il ne peut renvoyer l'affaire à une date ultérieure que devant le président du tribunal judiciaire ou le juge délégué par lui ».

condamnation du tribunal correctionnel. La possibilité d'une juridiction *ad hoc* se dessine alors.

Un office du juge de la CJIP et de la composition pénale à parfaire. Si le juge de l'homologation opère toujours un contrôle de l'acte dont il est saisi, l'étude de l'ordonnance d'homologation a démontré que le contrôle pouvait différer entre, d'une part, la composition pénale et la CRPC et, d'autre part, la CJIP. Le contrôle de cette dernière n'obéit pas aux mêmes modalités[34]. En résulte une incohérence entre les contrôles opérés par les juges saisis aux fins d'homologation de procédures différentes, ce qui favorise les difficultés lorsqu'est envisagée un cumul entre ces procédures[35]. De plus, cette dysharmonie se constate également quant aux droits des victimes. En ce qui concerne la CRPC, le juge de l'homologation peut statuer sur les intérêts civils, y compris par un renvoi lorsque la victime se constitue partie civile durant l'audience d'homologation. Une telle possibilité n'est pas envisageable lorsque la procédure est une composition pénale ou une CJIP. Le code précise qu'en cas de composition pénale, la victime a la possibilité de « demander au procureur de la République de citer l'auteur des faits à une audience devant le tribunal pour lui permettre de se constituer partie civile. Le tribunal,

---

[34] V. *supra*, n° 8.

[35] L'affaire Bolloré est un exemple topique, v. not. : S. de Navacelle, J. Zorrilla et T. Lapierre, « The Bolloré Case : Is all hope lost for french plea deals ? », *Rev. int. comp.*, 10 juin 2021, comm. 126 ; F. Vessio, « Les difficultés d'application de la CRPC aux faits de corruption d'agent public étranger : illustration à travers le refus d'homologation dans la décision Groupe Bolloré SE », *Gaz. pal.*, 20 avr. 2021, p. 22 ; L. Martin, « Splendeurs et misères de la justice négociée », *JCP G*, 5 juin 2023. 689.

composé d'un seul magistrat exerçant les pouvoirs conférés au président, ne statue alors que sur les seuls intérêts civils ». Est seulement mentionnée la saisine d'un « tribunal » composé d'un magistrat exerçant les pouvoirs conférés au président, sans davantage de précisions quant à la nature de ce tribunal. À titre de comparaison avec la CRPC, le législateur précise que dans cette situation, la victime peut citer l'auteur des faits à une audience du tribunal correctionnel qui statue sur les intérêts civils. Ainsi, pour la CRPC, le code prévoit la saisine du tribunal correctionnel, sans limiter ce dernier dans l'exercice de ses pouvoirs. Cette différence avec la composition pénale invite à interpréter l'article 41-2 dans le sens d'un renvoi du juge de l'homologation à un autre statuant sur les intérêts civils. Une action civile peut donc être portée devant un juge de l'homologation ayant validé une composition pénale. Bien que la victime d'une CRPC ait plus de droits, un rapprochement peut être fait entre CRPC et composition pénale en ce que le juge de l'homologation peut statuer sur les intérêts civils. En revanche, la victime ne bénéficie pas de ces prérogatives lorsqu'est mise en œuvre une CJIP. Dans cette situation, la victime a un droit à information et à réparation. Néanmoins, la victime n'est pas partie à la CJIP. En pratique, elle est invitée à faire connaître l'étendue de son préjudice au ministère public afin que celui-ci porte sa demande à la personne mise en cause avant saisine du juge aux fins de validation. En résulte un paradoxe puisque la réparation des préjudices subis par la victime est indemnisée *via* une négociation à laquelle elle ne participe pas[36]. La victime a une place secondaire au sein de ces procédures, d'autant plus qu'aucun recours n'est possible à l'encontre de l'ordonnance de validation[37]. À l'inverse de la composition pénale, la CJIP ne permet pas à la victime de demander au procureur de citer l'auteur des faits devant un tribunal afin qu'elle se constitue partie civile. La CJIP fait donc figure d'exception en ne permettant pas un renvoi sur intérêts civils. Puisque la mise en œuvre d'une composition pénale et d'une CJIP ne relèvent pas de l'exercice direct de l'action publique, le législateur ampute la victime d'une partie de ses droits. D'une part, les droits de la victime ne sont pas garantis de façon égale selon la réponse pénale choisie par le ministère public. Alors que la CRPC et la composition pénale permettent un renvoi sur intérêts civils, la victime d'une personne morale sanctionnée par une CJIP doit introduire une instance devant le juge civil si elle n'a pas pu obtenir réparation ou si elle est insatisfaite de la réparation octroyée. D'autre part, une évolution conduisant à accueillir favorablement la victime devant le juge de l'homologation permettrait d'unifier la matière. Le juge de l'homologation apparaîtrait alors comme une alternative juridictionnelle complète au tribunal correctionnel, pouvant statuer tant sur la réponse pénale choisie par le ministère public que sur l'action civile.

Vers une reconnaissance d'une juridiction de l'homologation. Qu'il s'agisse de l'homologation d'une

---

[36] B. Quentin et F. Voiron, « La victime dans la procédure de CJIP : entre strapontin et siège éjectable ? », *AJ pén.*, 29 janv. 2021, p. 115.

[37] Art. 41-1-2 II° et art. 41-2, C. proc. pén. : « La décision du président du tribunal […] n'est pas susceptible de recours ».

CRPC, d'une composition pénale ou d'une CJIP, le juge saisi dispose d'un rôle similaire si ce n'est identique. Ce dernier est tel qu'il ne peut être parfaitement assimilé à aucune autre juridiction connue. S'il était possible de s'interroger sur les liens entre juridiction correctionnelle et juge de l'homologation, il a été démontré qu'une telle assimilation est impossible, y compris en ce qui concerne la CRPC. La saisine d'un juge afin qu'il se prononce par ordonnance sur l'homologation d'un acte qui lui est soumis, sans pouvoir le réformer, caractérise la nature particulière de ces procédures. L'étude de l'ordonnance rendue par le juge a démontré qu'il s'agissait d'un acte juridictionnel. Le juge de l'homologation étant impartial et indépendant, il permet d'affirmer la nature juridictionnelle de l'acte *via* le critère organique et de tendre vers une formation juridictionnelle particulière. Se dessine alors l'existence d'une juridiction qui ne se confond avec aucune autre. Cette hypothèse s'inscrit alors dans les évolutions que connaît la procédure pénale depuis plusieurs années et est confortée à l'aune de la jurisprudence de la Cour de cassation. La reconnaissance d'une juridiction d'homologation permettrait d'autonomiser davantage ces procédures par rapport aux juridictions de jugement et d'harmoniser tant le contrôle effectué par le juge que les droits octroyés aux différentes parties à la procédure.

Repenser le jugement des délits en droit pénal des affaires

Bérénice DE WARREN
Avocate associée au cabinet Maisonneuve, spécialisé droit pénal des affaires

Le traitement du droit pénal des affaires ne cesse d'évoluer. Repenser le jugement des délits en la matière nécessite en réalité de décrire ces mutations, et d'en interroger la pertinence.

Le colloque qui nous réunit, en prévoyant trois interventions portant sur (i) la CJIP, (ii) l'homologation par le juge judiciaire et (iii) le prononcé de la peine de confiscation, reflète les enjeux actuels de la matière. Le jugement, défini comme la décision prononcée par une juridiction de l'ordre judiciaire, n'apparaît en effet pas comme le cœur de ces interventions. On ne peut que constater qu'il a, en partie, laissé place à un traitement transactionnel ou administratif de la délinquance économique et financière. Ainsi, au nom de l'efficacité de la répression, une place exponentielle est accordée à la justice négociée et aux pouvoirs de sanction des Autorités Administratives Indépendantes (AAI), au risque de malmener la stricte application de la règle pénale (**I**).
Pour autant, les juridictions ne se sont pas vu retirer leurs compétences pour statuer en droit pénal des affaires ; au contraire, il leur a accordé des moyens techniques et financiers renforcés pour assurer au mieux leur mission. Au nom de la lisibilité du droit, le jugement est ainsi

aujourd'hui rendu par des juridictions spécialisées, voire surspécialisées, système qui est aussi porteur de risques (**II**).

I. Au nom de l'efficacité de la répression : la tendance à sanctionner sans jugement

A. Les pouvoirs donnés aux autorités non-juridictionnelles

Afin d'éviter les lenteurs et l'aléa d'une procédure judiciaire, plusieurs autorités ont été dotées de pouvoirs de sanction, ou de négociation, visant à privilégier la décision administrative ou la transaction au jugement rendu par un tribunal correctionnel.

Ainsi, jugées plus efficaces et plus compétentes sur la réglementation applicable dans leur domaine, plusieurs AAI se sont progressivement vu accorder d'importants pouvoirs de sanctions, celles-ci pouvant être assimilées, étant donné leur gravité, à des sanctions de nature pénale[1]. Ainsi en est-il, par exemple, de l'Autorité des Marchés Financiers (AMF), l'Autorité de la Concurrence, la Haute Autorité pour la Transparence de la Vie Publique (HATVP), le Haut Conseil du Commissariat aux Comptes (H3C), etc.

[1] Matière pénale selon la CEDH : Ozturk c/RFA, 21 février 1984, n°8544/79 ; Didier c/France 27 août 2002 n°58188/00 ; Cons. Const.

Par ailleurs, la Convention Judiciaire d'Intérêt Public (CJIP), qui a vu le jour en droit français en 2016, est la conclusion d'un accord entre le Parquet, autorité de poursuite, et une personne morale mise en cause pour certaines infractions (corruption, fraude fiscale ou infractions au code de l'environnement). En contrepartie du versement d'une « amende d'intérêt public » au trésor public, dont le montant est proposé par le parquet et accepté (négociée...) par le mis en cause, et de l'obligation, le cas échéant, de « *se soumettre, pour une durée maximale de trois ans et sous le contrôle de l'Agence française anticorruption à un programme de mise en conformité* », la personne morale s'évite la tenue d'un procès, une potentielle déclaration de culpabilité, une condamnation à peine d'amende d'un montant aléatoire et l'inscription de cette condamnation au bulletin n°1 de son casier judiciaire. Cet accord, s'il est par la suite homologué par un juge judiciaire en audience publique, n'en reste pas moins rédigé par le Ministère public. C'est dans le cadre d'affaires complexes et/ou à dimension internationale que la CJIP prend tout son sens pour le parquet. La preuve étant souvent difficile à rapporter et les enquêtes chronophages et coûteuses, l'objectif de ce dernier est alors souvent d'éviter le risque d'une relaxe et de s'assurer le recouvrement d'une amende importante pour le Trésor public.

Pour le mis en cause, l'objectif principal est quant à lui d'éviter la tenue de procès éprouvants (en première instance, appel, cassation etc.), d'une condamnation d'un montant imprévisible et surtout le risque de l'inscription de cette condamnation sur son casier judiciaire, inscription qui automatiquement lui interdirait notamment de soumissionner à des procédures de passation de marchés publics ou de marchés avec des pays étrangers. La personne morale limite ainsi, en partie, les conséquences de la sanction sur la continuation de son activité. En revanche, contrairement à ce qui fut initialement envisagé, elle n'évite en rien la publicité donnée aux reproches formulés contre la personne morale ; ceux-ci sont publiquement évoqués lors de l'audience d'homologation puis par la publication en ligne de la CJIP.

B. Les risques inhérents au contournement de la tenue d'un débat contradictoire au cours d'un procès tenu devant une juridiction correctionnelle

Chaque autorité – juridiction de fond, ministère public, autorité administrative – répond à des objectifs propres, et parfois distincts. Tant en matière de preuve, qu'en matière de raisonnement juridique, la procédure pénale a progressivement évolué afin de renforcer la protection des droits fondamentaux des justiciables. Or, éviter le jugement et les obligations procédurales qui y sont attachées, pour privilégier une justice négociée ou une sanction administrative, peut aller à l'encontre de cet objectif fondamental.

Par exemple, l'AMF statue en fonction de l'existence d'un faisceau d'indices, alors qu'une juridiction pénale ne peut condamner qu'en présence de preuve. Il ne s'agit pas uniquement d'une question de terminologie, mais aussi et surtout, de philosophie pénale. Les autorités administratives se veulent les régulateurs, « les gendarmes » d'un secteur précis, là où la juridiction pénale a pour principal objectif de sanctionner un comportement individuel délictueux. Elle se place dans un contexte plus général consistant à apprécier l'atteinte à une valeur sociale protégée.

Autre exemple, en matière de justice négociée : les conventions sont conclues, et ce, souvent, malgré l'absence d'une instruction complète et d'un débat contradictoire permettant la manifestation de la vérité. Elles sont parfois peu motivées juridiquement, fondées sur des indices et non des preuves ; et pourtant le texte de la CJIP fait l'objet d'une publication en ligne. Elles peuvent donc constituer une atteinte au principe à valeur constitutionnelle de l'interprétation stricte de la loi pénale et de la présomption d'innocence. L'absence de reconnaissance formelle d'une culpabilité ne suffit pas nécessairement à empêcher l'opinion publique de penser reconnue la commission d'une infraction pénale justifiant le paiement d'une amende.

Cette convention prévoit souvent le paiement d'une amende d'un montant particulièrement important, pour constituer une réelle contrepartie à l'absence de poursuites devant une juridiction. Ce montant créé un précédent, qui exercera nécessairement une influence sur celui des amendes prononcées postérieurement dans le même type d'affaires.
En outre, la CJIP vise des faits commis par des personnes physiques qui, elles, ne peuvent pas bénéficier de cette transaction. Elles pourraient donc être poursuivies devant le

tribunal correctionnel pour les mêmes faits, voire être condamnées à des peines d'emprisonnement ferme ; ce serait le cas, par exemple, en cas de condamnation pour des faits de corruption, très sévèrement réprimés. Cette différence de traitement peut sembler injuste.

Enfin, cette réponse exclusivement financière à des comportements délictueux en droit des affaires peut conduire les personnes morales à traiter en termes de risque, et donc de prévention des risques, la commission d'un délit par un de ses organes ou représentant. L'objectif recherché par le droit pénal en est-il préservé ?

« *Quoi qu'il en soit, concevoir, comme c'est la mode actuellement, le droit pénal comme un risque davantage que comme un interdit, n'est pas vraiment sain, un risque pouvant être pris qui, de la sorte, justifierait la violation d'ordre public par l'obtention d'un gain supérieur à la peine encourue...* »[2]

II. Au nom de la lisibilité du jugement : la spécialisation des juridictions

A. La multiplication des juridictions spécialisées en pénal des affaires

Rendre un jugement motivé, tenant compte des particularités du monde économique et financier, de son

[2] Guillaume Beaussonie, Michel Veron, Droit pénal des affaires, p.8, Dalloz.

évolution constante et de sa complexité croissante. Répondre à la critique lancinante d'un fossé qui séparerait irrémédiablement les juges de la réalité du monde de l'entreprise, et rendrait la justice pénale inadaptée à la subtilité de la vie des affaires.

Tel est l'enjeu qui a été pris en considération dès la loi n°75-701 du 6 août 1975, prévoyant la spécialisation des magistrats en matière économique et financière. « *La spécialisation permet au juge, par la répétition des affaires qu'il traite, de mieux comprendre et cerner les réalités qui concernent les litiges qui lui sont soumis, que ce soit sur le plan technique, social ou économique, et donc de trouver des solutions plus appropriées à ces réalités* »[3]. Il acquiert ainsi des connaissances spécifiques, voire une expertise, lui permettant d'apprécier le caractère délictueux de certains comportements dans des univers professionnels complexes. Ce mouvement de spécialisation n'a eu de cesse de se renforcer, quitte à créer des juridictions à compétence concurrentes.

Au niveau (inter)régional, ont ainsi successivement été créées les juridictions régionales spécialisées (JRS), puis les pôles économiques et financiers, puis les juridictions interrégionales spécialisées (JIRS) pour les affaires d'une « grande complexité », aujourd'hui au nombre de 8.

---

[3] Avis (2012) n°15 du Conseil Consultatif des Juges Européens sur la spécialisation des juges adoptée lors de la 13ème réunion plénière du CCJE, Paris 5-6 novembre 2012 (CCJE, Conseil de l'Europe).

Au niveau national, le Parquet national financier (PNF), créé à la suite de l'affaire Cahuzac, a compétence nationale pour lutter contre la grande délinquance financière (corruption, fraude fiscale, etc…) présentant un haut degré de complexité.

Ces parquets ou juridictions d'instruction spécialisés ont été dotés d'importants moyens, et travaillent avec des services d'enquêtes encore plus spécialisés.

Ils bénéficient de l'aide d'assistants spécialisés, qui apportent leur expertise dans des domaines particuliers (par exemple : finances publiques concernant les atteintes à la probité), et d'« experts » ou de « sachants » (par exemple, IGAS, inspection du travail etc.).

Par ailleurs, la juridiction nationale chargée de la lutte contre la criminalité organisée (JUNALCO), créée en 2019, a étendu la compétence du tribunal judiciaire de Paris au territoire national en matière de criminalité organisée financière dite de « très grande complexité ». Celle-ci dispose par exemple d'un pôle dédié à la lutte contre la cybercriminalité.

La création d'un parquet national européen s'inscrit dans cette même volonté politique de faire face, de façon adaptée, à l'internalisation de la délinquance économique et financière.

Concernant les juridictions de fond, la 32ème chambre correctionnelle du tribunal judiciaire de Paris est par exemple chargée spécialement du jugement des affaires traitées par le PNF.

Toujours dans la même mouvance, la chambre des contentieux émergents – compétente en matière de devoir de vigilance et responsabilité écologique – a été mise en place au début de l'année 2024.

Autant d'exemples de la volonté politique d'accorder des moyens importants pour lutter à armes égales contre ceux déployés en matière de délinquance économique et financière. Volonté politique aussi d'accentuer la répression sur certains aspects particuliers du droit pénal des affaires (ex : droit de l'environnement).

Il est impossible de ne pas reconnaître les bénéfices de cette spécialisation en termes de lisibilité du droit. N'y aurait-il donc rien à repenser en matière de jugement des délits en droit pénal des affaires ?

B. Le risque de banalisation de la condamnation et de disproportion des sanctions

Sans tout repenser, il semble nécessaire de veiller à préserver les droits fondamentaux qui sont le socle de notre procédure pénale.

À cette fin, il apparaît indispensable de limiter les écueils découlant de la multiplication de juridictions spécialisées ayant des compétences concurrentes, source de potentiels conflits venant complexifier le traitement des affaires.

Veiller à limiter également les disparités entre les moyens accordées à ces juridictions spécialisées, et à celles qui restent compétentes en droit pénal des affaires, pour des dossiers qui ne présentent pas « de complexité particulière » mais n'en présentent pas moins un enjeu majeur pour les justiciables.

Être attentif à ne pas accorder des moyens particuliers pour répondre politiquement à des sujets d'actualité, par nature conjoncturels, au détriment de contentieux pénal de droit commun, exponentiel et souvent traité dans des conditions matérielles dégradées.

« *La création de tribunaux spécialisés, en réponse à des préoccupations de l'opinion publique* […], *peut conduire les pouvoirs publics à accorder à ceux-ci des ressources matérielles et humaines dont les autres tribunaux sont privés.* »[4]

Veiller à ce que les dires des experts, ou « sachants », fassent l'objet de débats et de contradictions, et soient perçus comme un éclairage factuel parmi d'autres, et non pas comme la réponse juridique au problème de droit posé.

Lutter contre le risque de juger à droit constant, en faisant juger le même type de contentieux par les mêmes

[4] Avis (2012) n°15 du Conseil Consultatif des Juges Européens sur la spécialisation des juges adoptée lors de la 13ème réunion plénière du CCJE, Paris 5-6 novembre 2012 (CCJE, Conseil de l'Europe).

juridictions, et de renforcer artificiellement la répression par habitude – voire lassitude des juges à traiter ce qui leur semble être la même affaire.

« *Les juges qui, en raison de la spécialisation, ont déjà eu à trancher les problèmes posés, peuvent être enclins à reproduire constamment les mêmes solutions que celles retenues précédemment, ce qui risque d'être défavorable à l'évolution de la jurisprudence en fonction des besoins de la société. Ce danger existe également lorsque dans une matière déterminée, les décisions sont toujours prises par le même nombre restreint de juges.*

Les juristes spécialisés ont tendance à développer des concepts propres à leur matière (souvent) inconnus des autres juristes. Cela peut conduire à un cloisonnement du droit et de la procédure, qui isole le juge spécialisé des réalités juridiques dans les autres matières et l'éloigne potentiellement des principes généraux et des droits fondamentaux, au risque de mettre en péril le principe de la sécurité juridique. »[5]

Veiller, encore et toujours, à éviter à tout prix l'erreur judiciaire provenant du traitement banalisé, au nom d'une justice rapide et efficace, d'une situation particulière. Quand l'enjeu est potentiellement le prononcé d'une peine privative de libertés fondamentales, le recul, la capacité à se remettre en question et le temps accordé à une affaire restent primordiaux.

---

[5]Ibid.

Sommaire

Structures éditoriales du groupe L'Harmattan

L'Harmattan Italie
Via degli Artisti, 15
10124 Torino
harmattan.italia@gmail.com

L'Harmattan Hongrie
Kossuth l. u. 14-16.
1053 Budapest
harmattan@harmattan.hu

L'Harmattan Sénégal
10 VDN en face Mermoz
BP 45034 Dakar-Fann
senharmattan@gmail.com

L'Harmattan Cameroun
TSINGA/FECAFOOT
BP 11486 Yaoundé
inkoukam@gmail.com

L'Harmattan Burkina Faso
Achille Somé – tengnule@hotmail.fr

L'Harmattan Guinée
Almamya, rue KA 028 OKB Agency
BP 3470 Conakry
harmattanguinee@yahoo.fr

L'Harmattan RDC
185, avenue Nyangwe
Commune de Lingwala – Kinshasa
matangilamusadila@yahoo.fr

L'Harmattan Congo
219, avenue Nelson Mandela
BP 2874 Brazzaville
harmattan.congo@yahoo.fr

L'Harmattan Mali
ACI 2000 - Immeuble Mgr Jean Marie Cisse
Bureau 10
BP 145 Bamako-Mali
mali@harmattan.fr

L'Harmattan Togo
Djidjole – Lomé
Maison Amela
face EPP BATOME
ddamela@aol.com

L'Harmattan Côte d'Ivoire
Résidence Karl – Cité des Arts
Abidjan-Cocody
03 BP 1588 Abidjan
espace_harmattan.ci@hotmail.fr

Nos librairies en France

Librairie internationale
16, rue des Écoles
75005 Paris
librairie.internationale@harmattan.fr
01 40 46 79 11
www.librairieharmattan.com

Librairie des savoirs
21, rue des Écoles
75005 Paris
librairie.sh@harmattan.fr
01 46 34 13 71
www.librairieharmattansh.com

Librairie Le Lucernaire
53, rue Notre-Dame-des-Champs
75006 Paris
librairie@lucernaire.fr
01 42 22 67 13